Relatos de la historia de Europa

Cincuenta relatos verídicos y fascinantes de grandes acontecimientos y personajes de la historia de Europa

© Copyright 2024

Todos los derechos reservados. Ninguna parte de este libro puede ser reproducida de ninguna forma sin el permiso escrito del autor. Los revisores pueden citar breves pasajes en las reseñas.

Descargo de responsabilidad: Ninguna parte de esta publicación puede ser reproducida o transmitida de ninguna forma o por ningún medio, mecánico o electrónico, incluyendo fotocopias o grabaciones, o por ningún sistema de almacenamiento y recuperación de información, o transmitida por correo electrónico sin permiso escrito del editor.

Si bien se ha hecho todo lo posible por verificar la información proporcionada en esta publicación, ni el autor ni el editor asumen responsabilidad alguna por los errores, omisiones o interpretaciones contrarias al tema aquí tratado.

Este libro es solo para fines de entretenimiento. Las opiniones expresadas son únicamente las del autor y no deben tomarse como instrucciones u órdenes de expertos. El lector es responsable de sus propias acciones.

La adhesión a todas las leyes y regulaciones aplicables, incluyendo las leyes internacionales, federales, estatales y locales que rigen la concesión de licencias profesionales, las prácticas comerciales, la publicidad y todos los demás aspectos de la realización de negocios en los EE. UU., Canadá, Reino Unido o cualquier otra jurisdicción es responsabilidad exclusiva del comprador o del lector.

Ni el autor ni el editor asumen responsabilidad alguna en nombre del comprador o lector de estos materiales. Cualquier desaire percibido de cualquier individuo u organización es puramente involuntario.

Índice

INTRODUCCIÓN..1
CAPÍTULO 1: RELATOS DE LA ANTIGUA GRECIA..3
CAPÍTULO 2: RELATOS DEL IMPERIO ROMANO..14
CAPÍTULO 3: RELATOS DE LA PROPAGACIÓN DEL CRISTIANISMO.....25
CAPÍTULO 4: LAS EXPEDICIONES VIKINGAS Y SUS RELATOS 35
CAPÍTULO 5: RELATOS DE UNA PESTE NEGRA MORTÍFERA 45
CAPÍTULO 6: RELATOS DEL RENACIMIENTO 55
CAPÍTULO 7: RELATOS DE EXPLORACIÓN Y EXPANSIÓN 66
CAPÍTULO 8: RELATOS SOBRE LA ILUSTRACIÓN, LAS REFORMAS Y LA REVOLUCIÓN 76
CAPÍTULO 9: NAPOLEÓN BONAPARTE: RELATOS DE SU ASCENSO Y CAÍDA 86
CAPÍTULO 10: RELATOS DE ADOLF HITLER 96
CONCLUSIÓN...106
MIRA OTRO LIBRO DE LA SERIE...108
REFERENCIAS..109

Introducción

Leyendo este libro se embarcará en un viaje a través de la historia. Encontrará relatos cautivadores llenos de triunfos, retos y tribulaciones. Este libro explora momentos clave de la historia que han dado forma al mundo moderno mediante narraciones exhaustivas y esclarecedoras que tienden puentes entre el pasado, el presente y el futuro. Lo que distingue a este libro es que ofrece una amplia visión de la historia europea, abarcando diferentes periodos.

Desde el nacimiento de la democracia en el ágora de Atenas hasta el Holocausto, este libro se adentra en momentos históricos transformadores, esclarecedores, inspiradores y devastadores. Se recorre el auge y la caída de los imperios en Europa, la aparición y propagación de las religiones, el estallido de las revoluciones y las hazañas de gobernantes y exploradores. En cada capítulo se desarrollan las historias de personajes destacados y acontecimientos históricos, junto con los profundos efectos y consecuencias de sus actos.

El viaje comienza en la cuna de la democracia: la antigua Grecia. Ilustra la estructura de las ciudades-estado y se adentra en las reformas sociales que dieron lugar a la democracia. El libro aborda los pros y los contras de este sistema político y explica el papel de los ciudadanos, junto con otros componentes políticos, en el perdurable legado de la democracia ateniense.

A continuación, el libro se adentra en los primeros años de la vida de Julio César, su ascenso al poder y sus notables logros, hasta llegar a su asesinato y su perdurable influencia en el Imperio romano y más allá. A continuación, habla de cómo se extendió el cristianismo en Europa, sigue el rastro de las primeras comunidades cristianas y se sumerge en el mundo de los viajes misioneros y los retos que surgieron en ellos.

Se adentra en el mundo de los nórdicos y los vikingos, sus motivaciones y sus extraordinarios viajes, haciendo énfasis en la gran influencia que tuvieron para Europa. El camino de este libro da un giro desgarrador cuando narra la peste negra, sus orígenes, cómo se propagó y sus consecuencias, que alteraron la vida de toda Europa.

Afortunadamente, el libro adquiere un tono más optimista a medida que se acerca al Renacimiento y a la influencia de las familias prominentes en la cultura, la política y la economía de la época. Se adentra en la era de las exploraciones y descubre los relatos de exploradores como Colón, da Gama y Magallanes en su navegación por nuevos horizontes, que condujo al surgimiento de imperios coloniales.

Se adentra en el Siglo de las Luces y da a conocer las interesantes ideas filosóficas de Voltaire, Rousseau y Kant y su influencia en notables revoluciones. A continuación, descubre el extraordinario viaje de Napoleón Bonaparte desde la oscuridad hasta el poder absoluto y explora sus éxitos militares y el impacto duradero que sus esfuerzos tuvieron en Europa. Por último, se topa con el angustioso legado de Hitler, hablando sobre su ascenso al poder, su gobierno y las calamidades que infligió.

Capítulo 1: Relatos de la antigua Grecia

Este capítulo explora el rico tapiz de la vida social, política y filosófica de la antigua Grecia, que condujo al nacimiento de la democracia. Profundiza en la estructura de la ciudad-estado, desvelando sus hitos y su singular gobernanza y centrándose en Atenas como faro de las primeras prácticas democráticas. Al leer este capítulo se comprende cómo surgió la democracia y se conocen las reformas sociales que la hicieron posible.

Conocerá los beneficios e inconvenientes de la democracia ateniense y cómo afectó a los individuos y a la sociedad en general. Conocerá las funciones de los ciudadanos, la asamblea y el Consejo de los Quinientos, y cómo sus decisiones guiaban la vida ateniense. Por último, el capítulo descubre cómo el legado de la democracia ateniense es significativo para los principios democráticos modernos.

1. La estructura de la ciudad-estado

La antigua Grecia estaba formada por numerosas ciudades-estado, conocidas como polis, en las que se establecía la estructura de la comunidad. Cada polis tenía un centro urbano, protegido por murallas y rodeado de terrenos rurales. Aunque todas pertenecían a la misma nación, cada ciudad-estado tenía sus propias leyes de gobierno. Todos los centros urbanos tenían edificios gubernamentales y templos, generalmente construidos sobre una colina conocida como acrópolis. El Partenón ateniense, construido en honor de Atenea, la diosa de la sabiduría, es un ejemplo de acrópolis. Las ciudades eran ricas en cultura y actividades políticas y servían como centro de comercio e intercambio, por lo que alojaban a la mayoría de la población.

La antigua Grecia estaba formada por numerosas ciudades-estado
https://commons.wikimedia.org/wiki/File:Map_of_Athens,_1890.jpg

Aunque había más de 1000 ciudades-estado en la antigua Grecia, las diez principales eran Atenas, Esparta, Tebas, Egina, Corinto, Siracusa, Eretria, Rodas, Argos y Elis. El estilo de gobierno, la filosofía y el modo de vida de cada polis eran únicos. Por ejemplo, los atenienses eran conocidos por su amor al arte y al conocimiento, mientras que Esparta se caracterizaba por su fuerte ejército y gobierno. La geografía y las características físicas de Grecia fueron una de las razones por las que se desarrolló esta comunidad y esta estructura política. Las montañas y el terreno rocoso hicieron que se formaran comunidades separadas e independientes. El mar era un medio de comunicación relativamente más fácil que la tierra. Además, los aristócratas creían que era más fácil detectar y eliminar a los tiranos si mantenían ciudades-estado independientes en lugar de una monarquía central.

2. Cleístenes: el padre de la democracia ateniense

La palabra *democracia* deriva del término *demokratia*, que se refiere a un sistema político influenciado por el público en general. La primera mitad del término proviene de la palabra *demos*, que se traduce como pueblo. La otra mitad deriva de *kratos*, que significa poder. Cleístenes desarrolló este sistema de reforma política en el año 507 a. C. y esta fue la primera democracia del mundo.

Cleístenes, padre de la democracia ateniense
http://www.ohiochannel.org/, *Atribución, vía Wikimedia Commons:*
https://commons.wikimedia.org/wiki/File:Cleisthenes.jpg

La *demokratia* tenía tres componentes: la *ekklesia*, la *boulé* y la *dikasteria*. La *ekklesia* era un órgano soberano del gobierno que redactaba las leyes y definía la política exterior. También tenía el poder de practicar el ostracismo, que era el acto de expulsar a alguien de Atenas durante una década. La *boulé* era un consejo formado por representantes de las diez tribus de Atenas. La *dikasteria* se refería a los tribunales a donde los ciudadanos llevaban sus argumentos y presentaban sus casos ante los jueces. Milenios después, esta política sigue marcando la vida de millones de personas en todo el mundo.

Uno de los mayores logros de Cleístenes, el padre de la democracia, fue que los aristócratas atenienses dejaron de tener poder autónomo sobre las decisiones políticas. También eliminó la distinción entre ellos y las clases trabajadoras bajas y medias que formaban parte del ejército y la marina.

Según Heródoto, la innovación de Cleístenes hizo que todas las personas fueran iguales ante la ley. Sin embargo, esta igualdad no se aplicaba a toda la población de la antigua Atenas, ya que solo los hombres mayores de 18 años podían participar en los procedimientos democráticos. En el siglo IV había en Atenas unos 250.000 ciudadanos, de los cuales solo 40.000 eran hombres mayores de 18 años.

3. El ágora: El corazón de la vida y la política ateniense

El ágora se encontraba en el bullicioso centro de la antigua Atenas. Este mercado captaba la esencia de la vida y la política de la antigua Grecia. El ágora, considerada el corazón de la ciudad-estado, era el lugar donde se producían los intercambios y los procedimientos comerciales y surgían la cultura y la democracia.

El ágora, un espacio abierto y concurrido situado en la base de la acrópolis, era el centro físico que reunía a la población ateniense. Acogía un amplio abanico de actividades, entre ellas numerosas reuniones políticas, interacciones sociales y rituales religiosos. Al ágora llegaban mercaderes de todo el Mediterráneo para comerciar con todo tipo de mercancías, desde tejidos y cerámica hasta metales preciosos y especias. Este mercado era crucial para la vida económica de Atenas y constituía uno de los principales flujos de capital griego. Aunque la mayoría de las antiguas ciudades-estado griegas contaban con un ágora, ninguna era tan famosa o grande como la de Atenas.

El ágora ateniense influyó directa e indirectamente en los procedimientos del comercio moderno. Los mercados actuales, ya sean en línea o físicos, siguen reflejando los principios básicos del intercambio y el comercio que se llevaba a cabo en el ágora. Este antiguo mercado ofrece valiosas perspectivas e información sobre el desarrollo y la evolución de las primeras economías, prácticas comerciales y vida cívica. Esto influyó en la forma de abordar las cuestiones económicas y políticas actuales, permitiendo a las entidades responsables tomar decisiones con conocimiento de causa.

El ágora no solo era un mercado y un centro político, sino también cultural e intelectual. Allí se encuentra la Estoa de Átalo, reconstruida en el siglo XX. Esta columnata albergaba numerosas escuelas de filosofía y era el lugar donde se celebraban debates y discusiones filosóficas. El ágora estaba adornada con esculturas, cerámicas y otras increíbles obras de arte. Los artesanos también exponían y comerciaban allí con sus obras maestras. Poetas y eruditos se reunían junto a los artistas, creando un ambiente de intercambio cultural, belleza y creatividad en el mercado.

El ágora también estaba asociada a la vida y las prácticas religiosas, ya que tenía varios templos y altares dedicados a numerosas deidades. El Hefestión, un templo que honra al dios Hefesto, sigue en pie hoy en día. Los rituales religiosos, las celebraciones, los sacrificios y los festivales eran aspectos esenciales de las tradiciones y la identidad atenienses que solían tener lugar en el ágora.

Además de todas estas funciones, el ágora era un lugar donde la gente se reunía amistosamente todos los días. El mercado ofrecía diversas opciones de comida y bebida y los civiles acudían allí para pasar el rato, entablar discusiones y compartir noticias. El ágora es un crisol que demuestra que el arte, las interacciones sociales, la política, la religión y el comercio pueden coexistir y prosperar juntos.

4. El *pnyx*: el centro de la democracia

Los miembros del jurado se reunían a menudo en el ágora para debatir asuntos eminentes, compartir sus opiniones y preocupaciones, o simplemente estrechar lazos. Este centro social contaba con una gran área de reunión, el *pnyx*, que hacía del ágora un centro de vida y política. Los miembros de la asamblea ateniense se reunían en el *pnyx* para debatir y votar cuestiones sociales y jurídicas. El ágora ateniense tiene una importancia histórica especial por ser la cuna de la democracia.

Los pros y los contras de la antigua democracia ateniense

Ventajas del nuevo sistema político

- **Aumentaba la participación política**

La antigua democracia ateniense permitía a los ciudadanos participar activamente en el proceso político. Los ciudadanos a los que se les permitía tomar parte en estos procedimientos podían compartir sus opiniones, votar, participar en el proceso de toma de decisiones y proponer legislación. Aunque no participaba toda la población, los ciudadanos se sentían comprometidos y tenían voz y voto en las políticas y leyes que determinaban sus vidas. Esto fomentaba un sentido de responsabilidad y control sobre su bienestar y el del Estado.

- **Era más inclusivo**

Aunque el nuevo sistema democrático no se aplicaba a una gran parte de la población, las reformas de Cleístenes fomentaban la inclusión porque iban más allá de la aristocracia tradicional. Las personas que no eran nobles de nacimiento ahora podían tomar decisiones, reduciendo la concentración de poder entre los nobles. Esto mejoró la cohesión social y contribuyó al éxito de la polis.

- **Ofrecía cierto grado de protección jurídica**

El nuevo sistema democrático ofrecía protección jurídica a los ciudadanos, ya que les permitía buscar reparación a las injusticias y desacuerdos mediante juicios justos y abiertos. A todos los que creían haber sido víctimas de violaciones se les ofrecían recursos legales, lo que mejoraba el sistema de justicia en general y la moral de la sociedad.

Desventajas del nuevo sistema político

- **Ofrecía una participación pública limitada**

Aunque el sistema político era más inclusivo y fomentaba la participación política más que los anteriores sistemas aristocráticos, seguía siendo muy limitado. Las reformas solo incluían a los hombres que cumplían ciertos criterios, como tener linaje ateniense o servir en el ejército. Las mujeres, los esclavos y los no atenienses quedaban excluidos del sistema político. Aunque la innovación de Cleístenes dio más voz al público, la mayoría de los miembros de la sociedad no podían compartir sus opiniones ni defender sus necesidades. Esto creó más desigualdades y grupos marginados dentro de la sociedad ateniense.

- **Favorecía la demagogia**

Dado que los ciudadanos votaban directamente sobre cuestiones importantes, siempre existía la posibilidad de que los demagogos manipularan la opinión pública en beneficio propio. También podían impulsar políticas que priorizaban su beneficio personal sobre el interés a largo plazo de la ciudad-estado. La democracia ateniense era directa, por lo que era más vulnerable a la demagogia, lo que suscitaba dudas sobre la sensatez y estabilidad de este sistema político.

- **Requería mucho tiempo y recursos**

Participar en el sistema político democrático exigía mucho tiempo y recursos. Los ciudadanos que deseaban votar y participar en la toma de decisiones tenían que formar parte de jurados y asistir a asambleas, lo que suponía una carga para sus obligaciones laborales y familiares. Los que intentaban encontrar un equilibrio entre compromisos personales y políticos tenían una participación limitada en el proceso democrático, y los que no podían dedicar el tiempo y los recursos necesarios quedaban excluidos.

El papel de la ciudadanía, la asamblea y el Consejo de los Quinientos

La ciudadanía, la asamblea y el Consejo de los Quinientos desempeñaban papeles clave en el antiguo sistema democrático ateniense. Sus aportes a la toma de decisiones guiaban todos los aspectos de la vida ateniense, desde los asuntos administrativos cotidianos hasta las leyes y políticas que cambiaban la vida de toda la población.

La ciudadanía

Solo los varones mayores de 18 años, libres y nacidos de padres atenienses obtenían la ciudadanía ateniense tras dos años de servicio militar. Los que procedían de otras ciudades-estado eran tratados como extranjeros, y todas las mujeres y esclavos quedaban excluidos de la ciudadanía. A los ciudadanos se les concedían derechos y responsabilidades en el sistema democrático y podían votar en la legislación, participar en la asamblea y ocupar cargos públicos.

Sin embargo, para alcanzar y mantener estos derechos, debían cumplir ciertos deberes cívicos, como dedicar el tiempo y los recursos necesarios para asistir a la asamblea cuando fuera necesario y servir en el ejército. La primera forma de democracia se caracterizaba por su naturaleza directa, en la que los ciudadanos participaban directamente en la toma de decisiones. Podían plantear asuntos importantes y proponer, votar y debatir leyes y políticas que afectaban a la ciudad-estado y a otros miembros de la sociedad.

5. La asamblea de Atenas: la voz del pueblo

La asamblea, también conocida como *ekklesia*, era la principal institución democrática ateniense. Era un foro abierto donde todos los ciudadanos con derecho a voto se reunían a discutir, debatir y votar sobre asuntos importantes. La participación en la asamblea se negaba a los condenados por prostitución, a quienes tenían deudas con el fisco y a los que no mantenían o golpeaban a sus familiares. Todas las decisiones tomadas en la asamblea influían en aspectos de la vida ateniense.

La asamblea se reunía unas cuarenta veces al año en el *pnyx*, un auditorio al aire libre, para tratar temas que abarcaban diversos ámbitos de la vida, como la política exterior, las leyes, los asuntos financieros y las actividades de los funcionarios públicos. Todos los ciudadanos podían hablar y participar en la asamblea, expresar sus preocupaciones y opiniones y proponer leyes. Los mayores de cincuenta años eran los primeros en participar. Las decisiones importantes se tomaban por mayoría, presentando y contando los votos de todos los participantes.

El Consejo de los Quinientos

El Consejo de los Quinientos, o *boulé*, era un órgano ejecutivo y administrativo que organizaba y aplicaba las decisiones de la asamblea y gestionaba los asuntos cotidianos. Entre sus responsabilidades figuraba la publicación de los lugares y órdenes del día de las próximas reuniones de la asamblea.

La *boulé* estaba formada por quinientos ciudadanos, cincuenta elegidos en cada una de las diez unidades territoriales de Atenas. La elección de los miembros era un proceso relativamente aleatorio para reducir la posibilidad de corrupción. Los miembros de este consejo solo ejercían este cargo por un año y no podían hacerlo más de dos veces en su vida. Esta política evitaba la concentración de poder en unos pocos individuos. La *boulé* contaba con varios subcomités que gobernaban diversas áreas, como los asuntos financieros, los asuntos religiosos y los asuntos exteriores, garantizando la administración eficaz de la ciudad-estado.

Cómo sus decisiones guiaban la vida ateniense

- Los miembros de la asamblea proponían legislación, aprobaban leyes y abordaban políticas importantes en la vida cotidiana de Atenas. Tomaban decisiones sobre alianzas y asuntos exteriores, normas sociales, comercio e impuestos. La participación directa de los ciudadanos configuraba el panorama político y social de la época.
- La *boulé* velaba por la aplicación de todas las decisiones tomadas por la asamblea. Los miembros de este consejo gestionaban las finanzas públicas, supervisaban la aplicación de las leyes y organizaban expediciones militares. Eran las piedras angulares de la eficacia de este sistema político.
- La asamblea y la *boulé* rendían cuentas a los ciudadanos. Los ciudadanos podían practicar el ostracismo o emprender acciones legales contra los miembros de la asamblea o de la *boulé* si tomaban decisiones insatisfactorias.

El legado de la democracia ateniense en los principios democráticos modernos

La democracia ateniense, que dio forma a la vida de los civiles de la antigua Grecia hace unos 2.300 años, es un peldaño importante y perdurable del sistema político y jurídico moderno. El sistema democrático ateniense dio forma a los principios y prácticas democráticas que se promulgan en todo el mundo actualmente. A continuación, se exponen algunas formas en las que la antigua democracia ateniense es evidente en las estructuras políticas democráticas contemporáneas:

Participación e influencia de los ciudadanos

La antigua democracia ateniense se caracterizaba por la participación directa de los ciudadanos en la toma de decisiones políticas, mientras que los sistemas actuales están más organizados y se caracterizan por el uso de representantes. Los representantes garantizan que los ciudadanos expresen activamente sus preocupaciones y participen en los procesos democráticos, al tiempo que disminuyen el riesgo de demagogia y reducen el tiempo y los recursos que requiere la participación en el sistema político.

La democracia ateniense tenía criterios para determinar quiénes podían participar en el proceso democrático, mientras que hoy en día el uso de representantes garantiza que todas las personas mayores de edad puedan participar en el proceso. El concepto de soberanía popular, que otorga a los ciudadanos la máxima autoridad política, también encarna los atributos de la democracia ateniense.

Sistemas políticos inclusivos

El cambio de permitir que un reducido grupo de aristócratas participara en las decisiones políticas a otorgar el poder a un segmento más amplio de la población fue enorme en aquella época. Esta reforma sentó las bases de sistemas políticos más inclusivos que fomentan la igualdad cívica. El hecho de que muchas personas en todo el mundo ahora puedan votar y participar en el proceso legal de toma de decisiones, independientemente de su condición social o lugar de nacimiento, es la esencia de la democracia y fue posible gracias a la reforma de Cleístenes. Esta idea ha llevado a la eliminación o disminución de las barreras al voto, al aumento de los derechos civiles y a la lucha contra la discriminación.

Leyes que reflejan la voluntad de los ciudadanos

La democracia ateniense reconocía el gobierno de la ley, un principio fundamental en los sistemas jurídicos democráticos que subraya la importancia de la responsabilidad, la igualdad, la transparencia y la protección de los derechos civiles. El Estado de derecho hace a todos los individuos responsables e iguales ante la ley y proporciona procesos legales justos y equitativos. Esta norma también limita el poder del gobierno, por lo que es crucial para mantener la justicia y el orden y proteger los derechos del pueblo y los principios democráticos.

Las leyes de la antigua Atenas eran establecidas por la asamblea y aplicadas a todos los ciudadanos de forma imparcial. Los procesos democráticos contemporáneos siguen reflejando la voluntad de los ciudadanos y defendiendo la igualdad y la equidad. La antigua práctica ateniense de exigir responsabilidades a los funcionarios del gobierno mediante prácticas como el ostracismo y otras acciones legales contribuyó al concepto actual de responsabilidad gubernamental y al sistema de división de poderes.

Libertad de expresión y debate

La asamblea servía de foro público donde los miembros debatían sus opiniones sobre leyes y discutían diversos asuntos. Los participantes votaban y deliberaban libremente sobre asuntos de importancia. Los sistemas democráticos modernos también fomentan el discurso abierto y la libertad de expresión. Se cree que el intercambio de ideas es vital para el bienestar social y nacional.

Bases para la experimentación

El modelo democrático ateniense sirvió como base para experimentar con la gobernanza democrática. Filósofos de la antigua Grecia como Aristóteles y Platón también inspiraron, criticaron y analizaron la democracia ateniense y ofrecieron valiosísimas ideas sobre los puntos fuertes y débiles del sistema. Esto permitió a otros aprender de las lecciones y experiencias del pasado y perfeccionarlas para adaptarlas a la vida moderna.

La antigua democracia ateniense ejerció una influencia duradera en los sistemas políticos mundiales, haciéndolos más inclusivos y fomentando una mayor participación política y protección jurídica. Sin embargo, el sistema democrático de la época también tenía inconvenientes de los que las entidades modernas podrían aprender. La democracia ateniense limitaba las personas que podían participar en los procedimientos políticos estableciendo ciertos criterios de elegibilidad, exigía mucho tiempo y recursos y era susceptible a la demagogia. La antigua democracia ateniense sentó las bases de sistemas democráticos que transformaron la política mundial.

Capítulo 2: Relatos del Imperio romano

El Imperio romano ha suscitado el interés y la atención de muchos historiadores y narradores durante siglos. Es difícil adentrarse en la historia de la ciudad eterna sin quedar atrapado en un laberinto de asombro y admiración. Relatos de leyendas, mitos y héroes se entretejen en la historia de la cuna de los Olímpicos.

A lo largo de la historia, poetas, pintores y artistas han adoptado Roma como musa para expresar su arte. Es una historia fascinante que nunca pasa de moda, desde sus célebres victorias hasta sus desgracias.

Quizá se pregunte cómo esta ciudad de colinas llegó a ser la capital del mundo. Hay mucha controversia sobre cómo surgió esta ciudad, por no mencionar el hecho de que muchos tienen una opinión diferente sobre cuándo llegó a serlo.

Rómulo y Remo
Walter Pompe, CC BY-SA 4.0 https://creativecommons.org/licenses/by-sa/4.0, vía Wikimedia Commons: https://commons.wikimedia.org/wiki/File:Walter_Pompe,_De_Romeinse_wolvin_met_Romulus_en_Remus_-_La_louve_romaine_avec_Romulus_et_Remus,_KBS-FRB.jpg

La fundación de Roma

Si le gusta la mitología y las historias majestuosas, este relato le encantará. Hace mucho tiempo, alrededor del 753 a. C., Roma fue fundada por los hermanos gemelos Rómulo y Remo.

Los hermanos no eran humanos ordinarios; fueron engendrados por el dios de la guerra, Marte y una madre humana. Poco después de su nacimiento, el rey Amulio ordenó su muerte al colocarlos en una cesta y dejarlos libres en el río Tíber para que murieran expuestos a la inanición.

El dios del río, Tiberino, calmó la marea para garantizar la seguridad de los niños. El destino quiso que la cesta fuera a parar a la orilla del río, donde una loba tropezó con ellos. La depredadora, en contra de su propia naturaleza, amamantó a los cachorros hasta que los encontró un pastor. El pastor llevó a los niños a casa de su mujer, que decidió criarlos como si fueran suyos. Pasaron los años y los hermanos se convirtieron en jóvenes sanos que ayudaban a su padre adoptivo a cuidar de las ovejas. Un día, se enfrentaron a los pastores del rey y se produjo una pelea.

El destino quiso que participaran en la derrota y muerte del rey, que había intentado condenarlos a muerte cuando eran niños. Pasó el tiempo y los gemelos decidieron construir una ciudad en el mismo lugar al que su cesta había sido arrastrada por el río Tíber. Rómulo deseaba ubicar Roma en lo alto de la colina del Palatino, mientras que Remo prefería la colina del Aventino. Tras fracasar en el intento de resolver pacíficamente el desacuerdo, Rómulo asesinó a su hermano y cumplió su deseo de fundar Roma en el Palatino, convirtiéndose en el primer rey romano.

Si esta historia ha captado su interés, prepárese para la saga de Julio César.

6. Del Rubicón a Roma: El camino del poder de César

Antes de que Roma fuera conocida como imperio, fue una república y, antes de eso, una tierra de reyes. De acuerdo con los relatos antiguos, Roma fue gobernada por siete reyes, empezando por Rómulo y terminando por Lucio Tarquinio Superbo. El rey era un símbolo de liderazgo y religión. A su lado, trescientos senadores actuaban como consejeros, ayudando y guiando el gobierno del rey, pero no tenían poder real.

El último rey de Roma era orgulloso y cruel, y sus métodos hostiles provocaron el fin del poder etrusco. El Senado y el pueblo se levantaron contra él y lo expulsaron de la ciudad, allanando así el camino para que surgiera la República de Roma.

La República tenía un gobierno ligeramente diferente. El pueblo elegía a dos cónsules para un solo año; bajo los cónsules estaban los trescientos senadores que les asesoraban. Tras completar su año de servicio, se les prohibía volver a ocupar el cargo durante diez años. Durante la República, el pueblo estaba dividido en clases y la que gobernaba era la clase alta. Había patricios, plebeyos y esclavos.

Los patricios eran los ricos; normalmente vivían en casas lujosas y tenían esclavos a su servicio. Eran ciudadanos libres que podían asistir a la asamblea y votar. Los plebeyos también eran ciudadanos de Roma, pero de clase baja, normalmente comerciantes y artesanos. También podían votar y asistir a la asamblea.

Los esclavos no tenían derechos ni riqueza y no eran considerados ciudadanos. Al igual que las mujeres de la época, no podían acudir a las asambleas ni votar. En tiempos de crisis, como durante las guerras, era costumbre nombrar a un dictador hasta que se calmaba el panorama.

La República de Roma marcó una época de prosperidad y expansión hasta la llegada de César.

Cayo Julio César nació en julio del año 100 a. C. en el seno de una familia noble de la República. De joven, vio cómo Roma se sumía en el caos. Los ricos acaparaban riquezas y los ciudadanos de a pie luchaban por salir adelante. Los esclavos se rebelaban a medida que aumentaba su número.

César poseía muchos talentos y un agudo ingenio. Era divertido, encantador, un excelente orador y tenía una fuerte personalidad. Estaba dotado para la política y el ejército.

César se alistó en el ejército y ascendió hasta convertirse en jefe militar. En aquella época, se introdujo un cambio de propósito en el ejército; en lugar de luchar por la seguridad de la tierra, luchaban para ganar más tierras y oro. A medida que esta práctica crecía, los soldados ya no eran leales a la República, sino a los generales que les pagaban con cuantiosos bienes. Como la mayoría de los soldados eran antiguos campesinos que venían de la pobreza y la lucha, esta forma de compensación era más que suficiente para que cambiaran de bando.

César fue nombrado gobernador de España. No solo era un cargo prestigioso, sino también lucrativo. Le permitía saquear a los lugareños a su antojo. César forjó una alianza con otras dos personas de las élites, el general Pompeyo y un rico patricio llamado Craso, iniciando así su ascenso al poder. Los tres formaron el Primer Triunvirato.

Cuando regresó a Roma en el año 60 a. C., fue elegido cónsul, uno de los cargos más altos de la República. Sin embargo, con el paso del tiempo, el triunvirato no sobrevivió, ya que Craso fue asesinado en el campo de batalla, y Pompeyo dio a conocer sus intenciones de gobernar en solitario sin la influencia de César.

César tuvo un gran impacto en la expansión de los territorios de Roma. Mientras estaba ocupado luchando por su país en Galia (actual Francia), el Senado, influenciado por Pompeyo, decretó que debía regresar a casa sin la protección de su ejército y entregarlo al nuevo gobernador. También le prohibieron presentarse al segundo consulado. Estas acciones se realizaron en un esfuerzo por apagar el creciente poder de César.

Julio César se enfrentaba a dos opciones: acatar las órdenes del Senado y regresar solo a casa, arriesgando su reputación y tal vez su vida, o iniciar una guerra civil. Optó por lo segundo. La ley romana decretaba que ningún gobernador podía cruzar el río Rubicón de vuelta a casa sin ser invitado por el Senado. A los gobernadores solo se les permitía comandar sus ejércitos dentro de las provincias asignadas. Si infringían la ley, el gobernador y los soldados que lo seguían eran condenados a muerte tras ser despojados de su *imperium*.

César pronunció sus famosas palabras, «¡*Alea iacta est!*», que significan «la suerte está echada», y cruzó el Rubicón con su ejército, marcando el inicio de la guerra civil en enero del 49 a. C. En el 46 a. C., César había logrado derrotar a las fuerzas de Pompeyo y se había apoderado de Roma, declarándose dictador y gobernante absoluto. Rápidamente expulsó de Roma a Pompeyo y a parte del Senado, al tiempo que ofrecía amnistías a los demás.

César reformó el gobierno. Aumentó el tamaño del Senado para mejorar la representación. Ofreció la ciudadanía a muchos extranjeros, ofreció lugares para establecerse en nuevas ciudades a los veteranos y fue bastante caritativo con algunos de sus antiguos enemigos como Marco Junio Bruto, uno de los antiguos partidarios de Pompeyo.

7. Las guerras galas de César: conquista y triunfo

César sabía que para alcanzar la gloria eterna debía lograr una victoria sin parangón en la batalla. La campaña de las Galias es uno de los triunfos políticos y militares más recordados de la larga cadena de victorias de César. El propio César redactó un extenso registro de la Gran Guerra, aunque conviene leer las escrituras con cautela, ya que fueron escritas por el líder romano principalmente para ganar prestigio político.

El libro que escribió constaba de siete partes, cada una de ellas dedicada a un año de la guerra.

Cuando César se acercaba al final de su mandato como cónsul, en el 59 a. C., estaba gravemente comprometido económicamente. Con la ayuda del Primer Triunvirato, consiguió el puesto de gobernador de Ilírico. Tras la muerte del gobernador de la Galia Transalpina, también fue nombrado gobernador de esa provincia.

Tras su segundo nombramiento, César fue abordado por la tribu helvencia, una confederación tribal gala. Los delegados deseaban negociar un paso seguro a través de la Galia Transalpina y las tierras de una tribu romana llamada Aedui. Esa migración amenazaba con sembrar el caos en la zona de Gual, concretamente por parte de tribus germánicas de tipo guerrero que podrían optar por ocupar el territorio helvencio vacante. El líder romano les negó el paso, por lo que cambiaron su ruta alejándose por completo de tierras romanas. A los ojos de un espectador medio, esta parece una situación resuelta fácilmente, pero por desgracia, César tenía otros planes. Vio una oportunidad de derrotar a la tribu migrante para aliviar su posición política y pagar sus deudas con el botín.

Reunió entre 24000 y 30000 soldados bajo su mando y avanzó en persecución de los helvencios. Consiguió alcanzarlos cuando intentaban cruzar el río Saona. Alrededor de una cuarta parte tuvo la mala suerte de no haber cruzado, porque César los mató a todos. Las negociaciones se reanudaron, pero fueron inútiles, ya que las condiciones de César eran muy duras. Los combates continuaron hasta que los romanos obtuvieron la victoria y ordenaron a los helvencios que regresaran a su territorio, dando comienzo a una guerra que duró siete años.

A lo largo de los siete años, César sufrió muchas pérdidas, pero también tuvo muchas conquistas de las que enorgullecerse. Conquistó el territorio de Sequani, gobernado por tribus germanas, y la confederación belga. Sobrevivió a una emboscada de los belgas nervii, atrebates y viromandui. Atacó y conquistó tribus galas a lo largo del canal de la Mancha. Logró derrotar a los venti en una memorable batalla naval. César no tuvo inconveniente en masacrar sin piedad a los refugiados germanos, para consternación de Roma. Quemó y arrasó pueblos germanos abandonados. Intentó conquistar Britania, pero se vio obligado a retroceder ante la feroz resistencia de los ingleses. Perdió parte de sus tropas a manos de una tribu belga en el noreste de la Galia liderada por los eburones, a lo que César respondió masacrando a las tribus belgas.

Estos acontecimientos desencadenaron la Gran Revuelta Gala en el 52 a. C. El liderazgo de la revuelta quedó en manos de Vercingetórix tras la matanza de romanos a manos de los carnutos. César sitió la ciudad de Avaricum, donde se enfrentó a Vercingetórix, entrando finalmente a la ciudad tras 25 días y matando a todos menos a 800 de los 40.000 habitantes originales.

Finalmente, César logró acorralar a Vercingétorix en la ciudad de Alesia, donde este fracasó en su intento de reunir refuerzos. Se vio obligado a rendirse ante el líder romano y posteriormente fue llevado a Roma para ser ejecutado en el año 46 a. C., marcando el final triunfal de las guerras galas a favor de Roma.

8. El Primer Triunvirato: Craso, Pompeyo y César

César se dio cuenta de que, para alcanzar la gloria, necesitaba la ayuda de otros. Un triunvirato es un grupo de tres hombres. Este triunvirato era una alianza secreta forjada entre tres individuos para ganar más poder sobre la entidad política romana.

El Primer Triunvirato se forjó entre Cayo Julio César, Cneo Pompeyo Magno, también conocido como Pompeyo, y Marco Licinio Craso en el año 60 a. C. La alianza se forjó para servir a las ambiciones individuales de cada uno de los hombres. Sin embargo, no fue un trato celestial. Dos de los hombres, Pompeyo y Craso, no se llevaban bien. Esto se debía a que Pompeyo había declarado descaradamente la gloria de la victoria de Craso sobre Espartaco en Capua. A Craso no le sentó bien ceder los elogios de su arduo trabajo, ya que la contribución de Pompeyo a la victoria había sido acorralar a los rezagados.

En cuanto a la relación entre Pompeyo y César, era un poco más amistosa. Ambos apoyaban al bando de los *Populares* en el Senado (pueblo llano) y se oponían a los *Optimates*, que solo se preocupaban por mantener su poder de clase dirigente tradicional dentro de las élites adineradas de Roma.

Cada uno de los líderes tenía sus propias razones para formar esta alianza. Pompeyo deseaba recompensar a sus soldados veteranos con tierras en el este, pero Marco Porcio se oponía constantemente. César deseaba ser nombrado cónsul y alcanzar la gloria política, y Craso deseaba alcanzar la gloria en el campo de batalla y compensar la pérdida de fondos que había sufrido debido a la calamidad alimentaria de Oriente.

Los tres hombres sellaron su alianza reconciliando primero a Craso y Pompeyo. Para reforzar aún más el vínculo, Pompeyo tomó por esposa a Julia, la hija de César.

La alianza tuvo éxito en la mayoría de sus esfuerzos. En el 59 a. C., César había sido nombrado cocónsul con Marco Calpurnio Bíbulo, amigo de Catón. Trabajó duro para conseguir a Pompeyo las tierras que necesitaba para sus soldados, pero fue constantemente vetado por Bíbulo. Decidió entonces tomar cartas en el asunto y presentar la propuesta a la asamblea pública. Bíbulo intentó interrumpir la presentación, pero fue arrojado por las escaleras del Foro y bañado en basura. Bíbulo se retiró de cualquier aparición pública, lo que llevó a César a gobernar como cónsul en solitario y conceder a Pompeyo las tierras que deseaba. A Craso se le dio la oportunidad de dirigir un ejército para cimentar su nombre como gran líder militar. Por desgracia, nunca logró su sueño, ya que fue derrotado en la batalla de Carrhae y decapitado por los partos.

9. Cleopatra y César: una alianza fatídica

César conoció a Cleopatra cuando perseguía a Pompeyo fuera de Roma
https://commons.wikimedia.org/wiki/File:Cleopatra_and_Caesar_by_Jean-Leon-Gerome.jpg

César conoció a Cleopatra cuando perseguía a Pompeyo fuera de Roma en el 48 a. C. Pompeyo huyó primero a Grecia a reunir un ejército para enfrentarse a César y logró reunir el doble de soldados que este, pero fue en vano, porque fue derrotado en la batalla de Farsalia. Huyó entonces a Egipto, donde César lo siguió, y fue entonces cuando quedó hechizado por la bella reina de Alejandría, tanto política como emocionalmente. La disputa entre la reina Cleopatra y su marido/hermano, Ptolomeo XII, perturbaba la ciudad. Ptolomeo había supuesto erróneamente que matando a Pompeyo y entregando a César su cabeza se ganaría el favor del romano. Estaba muy equivocado. A César le repugnó el regalo y, como consecuencia, se hizo con el control del palacio real y actuó como monarca de Egipto. Ordenó a los hermanos reales que dispersaran sus ejércitos y resolvieran la cuestión del gobernante legítimo con él como juez.

Cleopatra fue a reunirse con César oculta en una alfombra, ya que las fuerzas de su hermano le habían impedido entrar en Alejandría. Su dramática revelación tuvo un impacto mucho mayor en César que el primer encuentro con su hermano.

Su alianza no se basaba únicamente en el romance y el amor, sino que llevaba implícitos aspectos políticos. César necesitaba la riqueza de Cleopatra para financiar su campaña hacia el poder en Roma y ella necesitaba la protección de César para asegurar su posición como reina. La decisión de volver a declarar a los dos hermanos cogobernantes no sentó bien a Ptolomeo, que intentó atrapar a su hermana con el líder romano en el palacio.

Este acto inició una guerra civil a gran escala en la que Ptolomeo fue derrotado en la batalla del Nilo y más tarde ahogado en su río homónimo. Cleopatra fue nombrada reina y su otro hermano menor, Ptolomeo XIV, gobernó a su lado. También se convirtió en su nuevo marido, a pesar de su aventura con César.

Cleopatra dio a luz poco después a su hijo Cesarión (que significa pequeño César). Un año después, visitó a César en Roma y se alojó en una de sus fincas. Cuando él fue asesinado en el 44 a. C., regresó a Egipto e inició su historia romántica con otro líder romano, Marco Antonio.

10. El calendario romano: La reforma atemporal de Julio César

El sistema original de datación empleado en la República de Roma se asemejaba al utilizado en Grecia, que seguía el ciclo lunar. Constaba de diez meses y 304 días, lo que provocaba un desfase de 61 días en la estación invernal. Además de desfasarse continuamente con las estaciones y necesitar constantes correcciones, este calendario lunar era explotado a menudo por los funcionarios romanos encargados de él. A menudo añadían días para manipular las elecciones o ampliar determinados mandatos políticos, abusando de su autoridad.

En el año 46 a. C., César empezó a idear el calendario solar. Reclutó a Sosígenes, un astrónomo de Alejandría, para que le ayudara. Basándose en el calendario solar, Sosígenes calculó el año, como los egipcios, en 365 días y ¼. César añadió entonces los 61 días que faltaban al año 46 a. C., trasladando esencialmente el comienzo del año del primero de marzo al primero de enero. El calendario juliano establecía que el año debía tener 365 días durante tres años seguidos y luego un año de 366 días (año bisiesto). César decretó que el día adicional se añadiera a febrero para garantizar que el calendario no se desfasara como su homólogo lunar.

Tras la muerte de César, Marco Antonio renombró el mes Quintilis, el séptimo del año, como Iulius (julio) en honor al dictador caído.

11. Idus de marzo: traición y asesinato de Julio César

En la cultura romana, la palabra idus significaba observar la luna llena, que marcaba el 15º día y la mitad de cada mes del calendario juliano. Sin embargo, los idus de marzo son un día marcado en la historia por la vergüenza y el cambio. En el año 44 a. C., César se había autoproclamado «dictador vitalicio», un título que no sentaba nada bien a la poderosa élite de Roma. Se dice que César selló su destino al declararse como tal, ya que Roma era conocida por su lucha contra los tiranos y los gobernantes absolutos a lo largo de su historia.

Los conspiradores detrás de la muerte de César, que se hacían llamar «los libertadores», estaban motivados por la idea de restaurar la República de Roma y asegurar la estabilidad política.

Creían firmemente que estaban liberando a Roma de un tirano demasiado poderoso. Los modos insensibles y las duras tácticas de César enfurecieron a los aristócratas, lo que los llevó a idear un meticuloso plan para acabar con su reinado.

El asesinato tuvo lugar en las salas de debate del teatro de Pompeyo, solo dos meses después de la victoria de César sobre Pompeyo en la batalla de Farsalia.

Se cree que entre cincuenta y sesenta senadores cargaron contra César y le asestaron 23 puñaladas, entre ellos los dos cabecillas Bruto y Casio, a los que había considerado queridos compañeros independientemente de sus pasadas lealtades con Pompeyo.

A Casio le inquietaba el desprecio de César por las tradiciones republicanas y convenció a Bruto, orgulloso de su herencia aristocrática, para que acabara con César. Bruto ocupaba un lugar especial en el corazón de César, ya que había tomado a su madre, Sevilia, como amante y consideraba a Bruto un hijo adoptivo. Se dice que las últimas palabras célebres de César, desconsolado por la traición, fueron «¿*Et tu, Brute?*» (¿Tú también, Bruto?). No hay forma de saber las palabras exactas que pronunció. Solo los presentes durante la traición podrían haberlo sabido con certeza.

Como fue apuñalado tantas veces, era difícil acusar a una persona en concreto del asesinato.

Lo que los conspiradores no vieron venir, sin embargo, fue que con el asesinato de César sellarían el destino de Roma como imperio, ya que el hijo adoptivo de César, Octavio, subió más tarde al poder y fue nombrado emperador Augusto.

Capítulo 3: Relatos de la propagación del cristianismo

Ninguna historia del cristianismo puede comenzar sin el nacimiento, la vida y las enseñanzas de Jesús. Nacido en Belén de Judea, Jesús pertenecía al linaje del rey David. El Espíritu Santo ayudó a su madre, María, en su concepción. María, una joven virgen soltera, viajó con José, su prometido, a Belén cuando fueron convocados (como muchos otros en la región) para un censo. Sin embargo, cuando llegaron, no encontraron alojamiento en la posada local y se vieron obligados a pasar la noche en un establo. La noche en que nació el niño Jesús atrajo a los magos (a veces representados como reyes, astrólogos o pastores) que querían presenciar el producto del nacimiento milagroso. Poco se sabe de la infancia de Jesús, pero fue bautizado alrededor de los treinta años por Juan el Bautista.

La historia del cristianismo comienza con el nacimiento de Jesús
*Pasquale Paolo Cardo de Finale Ligure (Savona), Italia, CC BY 2.0
https://creativecommons.org/licenses/by/2.0, vía Wikimedia Commons.
https://commons.wikimedia.org/wiki/File:Circello_-_The_Little_Baby_Jesus_(24169449556).jpg*

Era una época de extremas expectativas religiosas mezcladas con agitación política, lo que llevó a numerosos movimientos judíos a estar al acecho del profetizado Mesías que traería los cambios tan necesarios. Juan el Bautista pertenecía a uno de estos movimientos. Era conocido por difundir un mensaje de transformación radical a través del arrepentimiento mientras bautizaba a los lugareños en el río Jordán. Al igual que Juan, Jesús se esforzó por enseñar y predicar mensajes similares desde una edad temprana. Cuando fue bautizado, asumió un ministerio público para difundir sus enseñanzas, curar y disipar los demonios de los poseídos y, según algunos registros, resucitar a personas de entre los muertos. Pronto empezó a viajar por toda Galilea, acompañado de antiguos pescadores que lo seguían con sus familias, abandonando sus redes para difundir sus enseñanzas. Su mensaje enfatizaba la importancia de mirar a Dios y hablaba del arrepentimiento, el perdón, el amor, la generosidad y la justicia como herramientas para acercarse al Creador. En una de sus lecciones, hablaba de un hombre atacado que fue ayudado por un forastero mientras los miembros de su comunidad lo abandonaron a su suerte. Habiendo encontrado a muchas personas de diferentes orígenes durante su ministerio, Jesús predicó contra el juicio y aconsejó a los críticos recordar sus propias imperfecciones antes de condenar a los demás (refiriéndose a lo que se conoce como el mandamiento de amar al prójimo).

Jesús afirmaba que el reino de Dios está más cerca de lo que se cree, describiéndolo como un reino único de justicia, prometiendo la liberación de los oprimidos que se arrepienten y abrazan a quienes les rodean. Dijo que el primer reino divino no sería construido por los ricos, los poderosos gobernantes y los miembros distinguidos de la sociedad (como ocurre con los reinos terrenales), sino por los marginados de la sociedad, los rechazados y los más pobres. Quienes lo oyeron empezaron a hablar de Jesús como el Mesías largamente prometido, el redentor de las almas. Creían que él era quien estaba profetizado para hacer realidad el reino de Dios, lo que marcó el comienzo de una nueva fe conocida como cristianismo. Empezando por los seguidores de Jesús, el cristianismo se extendió por Oriente próximo, se apoderó rápidamente de la costa mediterránea y se arraigó profundamente en el Imperio romano.

Al principio, los propagadores se enfrentaron a crueles persecuciones por parte de los romanos. Sin embargo, a pesar de ellas, debido al atractivo de las enseñanzas sobre la inmortalidad del espíritu (vivir después de la muerte en el reino de Dios), el cristianismo creció con increíble rapidez. Las enseñanzas sobre la ayuda a los pobres también contribuyeron a la popularización de esta nueva religión. El apóstol Pablo fue una de las figuras más destacadas en la difusión del cristianismo en Europa (y otras partes del mundo). Durante su ministerio, Pablo realizó varios viajes misioneros para ayudar a los necesitados y difundir la religión entre ellos. Pablo realizó al menos tres largos viajes misioneros por la actual Siria, Turquía, Grecia, Chipre y el territorio romano de Panfilia, entre otros. Durante sus viajes, difundía las enseñanzas de Jesús y realizaba milagros, sentando las bases de la primitiva iglesia cristiana.

12. Constantino el grande: el primer emperador cristiano

El emperador Constantino allanó el camino para que Roma se convirtiera en un imperio cristiano. Nacido pagano, Constantino fue bautizado en el año 312, justo antes de iniciar una campaña bélica contra su rival, Majencio. Preocupado por el resultado de la guerra, pidió la guía divina. Constantino recibió en sueños una visión en la que el Dios cristiano le ordenaba utilizar el símbolo cristiano de la cruz en los escudos de sus guerreros. Constantino obedeció y venció a Majencio. A partir de entonces, el emperador empezó a manifestar su preferencia por la nueva religión, pidiendo a sus súbditos que se convirtieran y proporcionando un continuo apoyo monetario a las iglesias cristianas. A pesar de ello, también siguió dando dinero para apoyar la religión tradicional. Permitió que los seguidores del paganismo construyeran nuevos templos y permitió los sacrificios cuando los edificios públicos eran destruidos por un rayo, aunque en otras ocasiones se mostraba contrario a esta práctica. Era un enfoque poco tradicional (sobre todo a los ojos de las culturas que seguían una religión monoteísta). Sin embargo, al no obligar a sus súbditos a seguir el culto y la identidad cristiana, Constantino se aseguró su buen nombre y no corrió el riesgo de ser derrocado (como les ocurrió a otros gobernantes que intentaron imponer el cristianismo). Como él mismo se había criado en el paganismo, le resultó difícil dejar atrás la antigua religión. Durante el gobierno de Constantino, los paganos podían adorar a tantas figuras divinas como quisieran y en la forma que quisieran. Si esta adoración incluía a Jesús dependía de cada uno. Algunos rezaban a Jesús igual que lo hacían a sus otros dioses. Tras su muerte en 337, los tres hijos de Constantino (todos ellos educados en la fe cristiana) empezaron a utilizar el poder del Estado contra los seguidores de la religión pagana. Constancio II, por ejemplo, prohibió los sacrificios, cerró algunos templos paganos y permitió a los obispos convertir otros en iglesias cristianas. Incluso con estos esfuerzos por fomentar el cristianismo en la vida pública, debido a la gran cantidad de infraestructuras y a la falta de voluntad de sus administradores para hacer cumplir las leyes antipaganas, Constancio no pudo extinguir el paganismo.

13. De pagano a cristiano: la transformación del Imperio romano

Aunque misioneros como el apóstol Pablo e incluso Constantino difundieron ampliamente el cristianismo en Roma, los plebeyos tuvieron una influencia aún más considerable en la popularización de la religión.

Libanio, un maestro de la Roma del siglo IV, explica que los paganos romanos no tenían una estructura unificada, ni libros sagrados, ni rituales. Dice que los seguidores ni siquiera se ponían de acuerdo sobre qué deidades paganas eran auténticas. En algunos territorios del imperio, los paganos adoraban a dioses que imaginaban con forma humana, mientras que otros veían a sus deidades como animales u objetos inanimados, como piedras gigantes. En esta época, el Imperio romano contaba con más de un millón de estructuras dedicadas a estas deidades paganas. Sin embargo, los dioses no solo estaban presentes allí. Se incorporaban a la vida cotidiana de la gente. Se les honraba en las fiestas y sus imágenes adornaban las monedas. Los animales sacrificados en los templos se utilizaban para el abastecimiento de carne de la ciudad.

El imperio ya contaba con un poderoso sistema de administración militar y civil que se extendía por los demás territorios bajo control romano. Los ciudadanos romanos pagaban impuestos al Estado y recibían a cambio servicios y protección. Disponían de un sistema administrativo increíblemente eficaz y dinámico, unido a una institución jurídica con gran capacidad de respuesta. Para ello era necesario aprovechar las habilidades y capacidades del mayor número posible de ciudadanos. En el siglo IV, el gobierno imperial empezó a identificar y a poner al servicio de la sociedad a los jóvenes romanos que vivían en las ciudades de provincias y en las pequeñas poblaciones. Las listas de estudiantes recibían cargos ejecutivos y abundantes salarios. Esto les permitió obtener la riqueza y el poder que proporcionaba el sistema administrativo imperial. Nacido en una pequeña ciudad del sur de Francia, Libanio fue uno de los primeros elegidos para ocupar un cargo administrativo. Sus padres le apoyaron y vieron en él la oportunidad de engrandecer el nombre y la fortuna de la familia. Sin embargo, se esperaba que los jóvenes paganos sobresalieran y trabajaran según las reglas del emperador. Cuando llegaron a cosechar los frutos de su trabajo, Libanio y sus amigos utilizaron su tiempo libre para honrar su religión tradicional rindiendo culto en los monumentos paganos supervivientes y celebrando los antiguos festivales. En aquella época, el gobernante era el hijo de Constantino, Constancio II, que no toleraba la oposición a su régimen. Libanio y otros temían perder lo que quedaba de su religión, pero temían más poner en peligro la riqueza y prominencia que habían adquirido por hablar públicamente. Sin embargo, todo esto cambió cuando Constancio murió y fue sustituido por su primo Juliano, declarado pagano públicamente.

Debido a las repentinas y vigorosas críticas contra la injusticia y el fanatismo religioso que dominaba el reino, Juliano hizo planes para una restauración pagana del imperio. Aunque murió poco después, sus sucesores cristianos no se centraron en la cristianización del imperio, por lo que Libanio y otros paganos pudieron continuar con sus costumbres. Alababan el sistema administrativo cristiano en público, lamentaban las tendencias autocráticas en privado y seguían cobrando sus sueldos. En otras palabras, siguieron estableciendo paralelismos y hablando de ambas religiones.

Otro gran cambio se produjo en 379, cuando Teodosio subió al poder. El nuevo gobernante abrazó frenéticamente la idea de conducir a Roma a una nueva era cristiana erradicando por completo las prácticas paganas. Después de restringir las actividades paganas, hizo que los sacrificios se castigaran con la muerte, cerró los templos y empezó a castigar a los funcionarios imperiales que no hacían cumplir sus leyes. Esto infundió temor en la población y provocó conversiones masivas. Todos los romanos jóvenes nacidos en la Roma gobernada por Teodosio eran cristianos. El emperador se aseguró de que se hablara con entusiasmo del cristianismo, lo que le permitió acelerar el ritmo de cristianización. Difundir el cristianismo de boca en boca era mucho más eficaz que utilizar el lento sistema administrativo.

Poco a poco, la gente se fue desinteresando del culto pagano. Como resultado, los edificios se deterioraron y el número de lugares de culto disminuyó constantemente. Aunque las estatuas de las deidades paganas permanecieron en lugares públicos, se rezaba cada vez menos a las antiguas deidades. A principios del siglo V, las restricciones a los paganos aumentaron aún más. Se cerraron más templos paganos, hasta que no hubo suficientes abiertos como para molestarse en cerrarlos. Mientras tanto, los paganos devotos viajaban a las zonas rurales e intentaban imponer sus propios puntos de vista a los lugareños; esto no salió bien. Los lugareños estaban más dispuestos a convertirse al cristianismo que a abrazar diferentes formas de paganismo.

14. El cristianismo y el auge de la Iglesia medieval

Como se puede imaginar, el viaje para establecer las raíces del cristianismo en la Europa medieval no fue un camino de rosas, y no solo por la resistencia pagana de los países bárbaros. Alrededor del siglo IV, los propagadores también tuvieron que competir con una nueva rama del cristianismo, arrianismo. Su fundador fue Arrio, un erudito romano cuyas creencias y enseñanzas pintaban un cuadro algo diferente al de Jesús. Los seguidores del arrianismo (que incluían en sus filas a varios emperadores romanos) se pasaban el día aclamando que Jesús no era igual a Dios, una noción que les parecía mucho más atractiva que la versión original. En cuanto oyeron esto, tribus germánicas como los vándalos, ostrogodos y visigodos adoptaron también el arrianismo, lo que complicó aún más la expansión de la rama original por el norte de África, la península Ibérica e Italia. Algunas de estas tribus sufrieron duras persecuciones por parte de los cristianos.

A pesar de las dificultades, el surgimiento de la Iglesia medieval era inevitable. Poco después de las primeras conquistas sobre paganos, arrianos y similares, el obispo de Roma fue proclamado cabeza de la iglesia cristiana. Aunque al principio no todos los seguidores aceptaron este acontecimiento (o lo hicieron solo parcialmente), fue lo que marcó los cimientos del papado y su dominio sobre la Iglesia cristiana. En una ocasión, se preguntó a un plebeyo romano qué le habían enseñado sobre estos cambios. Desgraciadamente, no sabía qué o cómo responder. Solo sabía que el papa (como se conocía al obispo de Roma en todo el imperio) tenía una influencia considerable. También decía que tenía miedo de lo que pudieran traer los cambios porque se rumoreaba que el papado estaba supervisado y controlado por el Imperio bizantino. Esto ocurría a principios de la Edad Media. Cuando a los plebeyos se les hacía la misma pregunta un par de siglos más tarde, sabían que la misión del papa era convertir grandes partes de Europa Occidental y se mostraban menos aprensivos ante la posibilidad de aceptar el papado como poder supremo. Poco a poco, la Iglesia romana no solo creció, sino que se separó de sus religiones asociadas en el Mediterráneo oriental. Para cuando la Edad Media estaba en pleno apogeo, las iglesias más conocidas eran la católica romana y la ortodoxa.

15. San Patricio y la difusión del cristianismo en Irlanda

San Patricio es una figura muy conocida de la historia europea y del cristianismo. A él se atribuye la difusión de la religión cristiana en Irlanda y, posteriormente, en otras partes de Europa. Nacido en Gran Bretaña en 386, San Patricio fue esclavizado y vendido por piratas a una granja irlandesa, donde pasaba los días trabajando y rezando. Esta rutina moldeó su mentalidad e incluso le mostró el camino para escapar de la esclavitud. Cuenta la leyenda que San Patricio tuvo un sueño lúcido en el que le decían que un barco lo llevaría a casa. Como era un hombre de fe cristiana, pensó inmediatamente que era Dios quien le hablaba e hizo lo que se le decía, escapando con éxito a Francia en el año 408 d. C. Tras una breve estancia en Francia, encontró el camino hasta su familia en Gran Bretaña. Allí fue ordenado obispo en el 432 d. C. y el papa Celestino I le encomendó la tarea de difundir el cristianismo.

San Patricio es una figura muy conocida de la historia europea

Nheyob, CC BY-SA 4.0 https://creativecommons.org/licenses/by-sa/4.0, vía Wikimedia Commons: https://commons.wikimedia.org/wiki/File:Saint_Patrick_Catholic_Church_(Junction_City,_Ohio)_-_stained_glass,_Saint_Patrick_-_detail.jpg

Poco después, San Patricio tuvo otro sueño. En él, los irlandeses le rogaban que visitara Irlanda y ayudara a los cristianos recién convertidos. Vio a los irlandeses agobiados por las guerras tribales, la esclavitud y las tradiciones paganas. No queriendo defraudar a los necesitados, viajó inmediatamente a Irlanda, donde, además de ayudar a los cristianos, empezó a introducir la religión entre los paganos irlandeses. Para combatir la resistencia a la nueva religión, tuvo la ingeniosa idea de incorporar rituales paganos a las prácticas cristianas.

Durante su estancia en Irlanda, San Patricio fue atacado y capturado varias veces por las tribus paganas irlandesas. Sin embargo, siempre se rendía voluntariamente, ya que veía la oportunidad de enseñar su fe a sus captores. Gracias a su profunda reverencia por el amor, el perdón, el trabajo duro y la gracia social, a menudo conseguía convertir al cristianismo a tribus paganas enteras. Esto llevó al infame dicho de que expulsó a las serpientes de Irlanda (refiriéndose a los paganos).

16. La era de la conversión: la cristianización de los reinos bárbaros

A pesar del comienzo difícil, los misioneros cristianos enviados desde Irlanda y desde el papado consiguieron convertir a numerosos gobernantes de países europeos en el siglo VII. Sin embargo, los reinos bárbaros se hicieron cada vez más difíciles de abordar después de que los vikingos invadieran y establecieran su dominio durante los siglos VIII y X. Afortunadamente para ellos, los misioneros contaban con el apoyo de emperadores cristianos como Carlomagno (el emperador carolingio), que lanzó una serie de apasionadas campañas contra la tribu germánica de los sajones. Tras una invasión de tres años y la destrucción de numerosos lugares sagrados, los sajones se rindieron y se convirtieron al cristianismo. Al igual que él, el noruego Olaf Tryggvason intentó convertir a sus súbditos. Sin embargo, sus intentos tuvieron mucho menos éxito y fue derrocado. Fue alrededor del siglo VIII que la mayoría de los nórdicos dijeron: «¡Nunca abandonaremos la religión antigua!». Algunos se resistieron más que otros. En el año 1000, un representante del Alíing (la asamblea general del pueblo islandés), Thorgeir Thorkelsson, recibió el encargo de decidir si el pueblo de Islandia seguiría el cristianismo o la religión nórdica. Pasó un día entero y la noche siguiente reflexionando sobre la cuestión antes de decidirse finalmente por la conversión. Otros países escandinavos también se habían convertido por completo en el siglo XI. En cambio, los samis del norte de Escandinavia tardaron en someterse al bautismo hasta después del periodo más oscuro de la Edad Media.

En el siglo IX, tanto la Iglesia bizantina como el papado pensaron en los búlgaros como la siguiente nación para someter a su jurisdicción. Sin embargo, tuvieron que enfrentarse a la inusual estrategia defensiva de un gobernante búlgaro, Boris. Como los dos bandos tenían intereses diferentes, Boris fingió buscar una alianza con ambos. Fue paciente a la hora de determinar qué opción serviría mejor a sus propios objetivos estratégicos. Finalmente llegó a un acuerdo con el Imperio bizantino, que condujo al establecimiento de la iglesia nacional búlgara. Los astutos búlgaros crearon la liturgia formal de su iglesia utilizando su propia lengua y creencias. Solo un siglo después, Mieszko I, el primer gobernante de la vecina Polonia, abrazó el cristianismo. Según la leyenda, su esposa, de origen bohemio, le presionó para que se bautizara. Acudió a Boleslav I, duque de Bohemia, padre de la esposa de Mieszko, que ya era cristiano, y le pidió lealtad. Su mujer le dijo que su padre probablemente lo apoyaría si se convertía. Durante el mismo período, el Imperio bizantino intentó evangelizar a las poblaciones de otras regiones de Europa oriental, incluidas las actuales Rusia y Ucrania. Aquí la conversión tardó tanto como en Escandinavia. El cristianismo no se convirtió en una religión generalmente aceptada en la zona hasta Vladimir el grande, gobernante de la Rus de Kiev, a finales del milenio. En el 986, Vladimir se reunió con fieles de muchas religiones, incluidos judíos, musulmanes y cristianos, antes de elegir la suya para imponerla a sus súbditos. Tras conocer la cultura de Constantinopla (capital del Imperio bizantino), Vladimir y su familia se bautizaron y abrazaron las enseñanzas de la Iglesia ortodoxa.

El gobernante húngaro, el rey Esteban I, también abrazó el cristianismo a principios del siglo XI. Su pueblo siguió el ejemplo de bautizarse y abandonar la religión pagana, aunque al principio se resistió. Esto supuso un esfuerzo considerable, pero todos se mostraron más afines a la nueva fe una vez que todo estaba en marcha. Elogiaban a Esteban I por construir iglesias y estaban dispuestos a castigar a quienes no siguieran las prácticas cristianas.

La región báltica, último reducto del cristianismo en Europa, no fue conquistada hasta el siglo XIV. Esto marcó el final de la cruzada que comenzó a mediados del siglo XII y se extendió por el periodo más oscuro de la Edad Media. El Gran Ducado de Lituania, aún sin conquistar, seguía siendo una potencia regional crucial a mediados del siglo XIV. Sin embargo, a finales de siglo, el gran duque gobernante se casó con la reina polaca y se bautizó como cristiano católico romano por deseo de su esposa. Un año más tarde, impuso el cristianismo al pueblo lituano, aunque elementos de su fe pagana sobrevivieron más allá de este periodo.

Capítulo 4: Las expediciones vikingas y sus relatos

Originarios de Escandinavia, los vikingos eran misteriosos nórdicos que, a través de sus numerosas expediciones por Europa entre el 750 y el 1050 d. C., tuvieron un impacto monumental en la historia del continente. Los vikingos eran conocidos por sus excepcionales habilidades de navegación, que les permitieron viajar, explorar y conquistar lugares lejanos a su tierra natal. Aún no está claro qué los impulsó a emprender sus viajes. Los historiadores sugieren la presión demográfica, el comercio y la búsqueda de riqueza y prestigio. Este capítulo explora cómo esos viajes afectaron a las culturas que los conocieron y la influencia duradera de las expediciones vikingas en la historia europea.

Los vikingos eran conocidos por sus excepcionales habilidades de navegación
U+1F360, CC BY-SA 4.0 https://creativecommons.org/licenses/by-sa/4.0, *vía Wikimedia Commons.* https://commons.wikimedia.org/wiki/File:Vikings_Undead.jpg

17. Comercio e incursiones: la doble cara de las expediciones vikingas

Al principio, los vikingos tenían una sociedad agrícola y rural próspera en la que la mayoría de los miembros del clan trabajaban como agricultores y pescadores. Mientras los pescadores volvían siempre a casa con las redes llenas, los agricultores se quedaban cada vez más a menudo sin una buena cosecha. Debido a las duras condiciones climáticas de Escandinavia, el suelo no era muy fértil. A medida que la población crecía, la cantidad de grano era cada vez más insuficiente para alimentarlos durante los largos y gélidos inviernos. Como la escasez de alimentos era habitual, algunos jefes decidían tomar lo que su tribu necesitaba de otras tribus, lo que marcó el comienzo de las incursiones vikingas. Al principio, los ataques solo se producían en territorios locales, pero pronto empezaron a extenderse por Europa. Cuando empezaron a expandir sus horizontes, los vikingos encontraron muchas ciudades prósperas en la zona costera del continente y muchos monasterios, que eran objetivos fáciles debido a su aislamiento y a la indefensión de sus habitantes.

Cuando empezaron a aventurarse más allá de Europa occidental, los vikingos comenzaron a asentarse, comerciar y cultivar en sus nuevas tierras. Atravesaron el Atlántico Norte y los ríos helados hasta Constantinopla y llegaron a Norteamérica a principios del siglo XI (más de 400 años antes que Colón). Aunque su colonia duró poco, sus asentamientos en otras partes de Europa prosperaron más de lo imaginable. Sus viajes, acompañados de un reino de terror, pronto pasaron a la historia. Algunas tribus, no todas, incluso empezaron a abrazar el cristianismo (aunque muy lentamente), lo que significó que dejaron de asaltar monasterios. El clima favorable fuera de Escandinavia hacía más factible la agricultura, por lo que no tuvieron necesidad de continuar con el estilo de vida guerrero marítimo.

A medida que los vikingos fueron adoptando el comercio y los asentamientos, se vieron impulsados por los mismos objetivos que durante sus incursiones. Perseguían la riqueza, aunque ello supusiera obtener tierras fértiles para la agricultura. Naturalmente, tenían que interactuar con la población local, lo que a veces era un éxito y a veces un fracaso. En Inglaterra, por ejemplo, empezaron a relacionarse con los británicos, llegando incluso a abrazar la hibridación de sus culturas.

Mientras tanto, los vikingos se mantuvieron al margen en Rusia y Normandía, siendo una minoría, aunque hicieron todo lo posible por mezclar su cultura y respetar a los lugareños. Por toda Europa, los vikingos comerciaban con armas, herramientas, jabón, joyas, recipientes de cocina y materiales de construcción. Donde iniciaban el trueque, establecían enormes centros comerciales, revitalizando pequeños mercados y zonas moribundas (para felicidad y beneficio de la población local).

18. El saqueo de Lindisfarne: el amanecer de la era vikinga

Los vikingos atacaron por primera vez un monasterio en busca de botín en Lindisfarne en el año 793 d. C. La matanza y esclavización de los indefensos monjes por parte de los vikingos causó indignación, pero la derrota simbólica fue aún más dura. Los cristianos medievales consideraban Lindisfarne uno de los lugares de nacimiento del cristianismo en Gran Bretaña. Consideraban que el saqueo de este lugar era una profanación del santuario del Creador y que derramar la sangre de los monjes era como esparcir desperdicios por las calles. En una carta a Higbald (obispo de Lindisfarne en aquella época), un sacerdote llamado Alcuin afirmaba que el ataque era un castigo de Dios para los monjes de Lindisfarne. Estaba seguro de que el lamentable suceso era señal de algún terrible error. Como no sabía cuál era el pecado, Alcuin aconsejaba a los monjes supervivientes no beber cerveza, no vestir ropas elegantes y evitar otros comportamientos «frívolos»; que rezaran más a menudo de lo habitual y que fortalecieran su fe en Dios. También les instó a trasladar las reliquias y objetos que habían sobrevivido (como el cuerpo de San Cuthbert) a otro lugar menos accesible.

Según otro registro del acontecimiento, se vieron dragones sobrevolando el cielo de Lindisfarne antes del ataque. Los lugareños, lamentablemente aterrorizados, afirmaron ver dragones ardientes surcando el cielo y dejando escapar inmensas láminas de luz ardiente. Incluso relacionaron la ira de Dios con la gran hambruna que hubo poco después de este suceso, junto con hombres paganos que causaban estragos en la iglesia de Dios de la Isla Santa (en referencia a la incursión vikinga de Lindisfarne). Sin embargo, ninguno de ellos imaginaba que el saqueo de Lindisfarne era solo el comienzo del reinado de terror de los vikingos en Gran Bretaña. Durante los años siguientes, los vikingos dirigieron ejércitos enteros hacia Gran Bretaña, realizando importantes conquistas por el camino.

19. Los vikingos en Rusia: El legado de la Rus

Gran Bretaña fue solo el primer objetivo cuando los vikingos empezaron a extenderse desde Escandinavia. Cuando se dirigieron al este, a lo largo de los ríos Dniéper y Volga, vieron la oportunidad de hacerse con el control de las rutas comerciales que les permitían llegar al poderoso Imperio bizantino. Atraídos por las oportunidades comerciales y la riqueza, avanzaron hasta Constantinopla. A partir del siglo IX, los vikingos que se extendían hacia el oeste pasaron a denominarse rus (o varangios). Conquistaron los territorios de las actuales Rusia, Ucrania y Bielorrusia. Establecieron un punto de gobierno en Kiev en el 840 que recibió el nombre de Rus de Kiev. Según la *Crónica primaria rusa* (un relato histórico de la región compilado en el siglo XII por monjes de Kiev), el gobierno del territorio se dividió inicialmente entre tres hermanos. Truvor estableció una base en Izborsk; Sineus, en Beloozero; y el tercer hermano, Rurik, vivió en Nóvgorod. Esta última pasó a ser conocida como la capital de la Rus (la forma original del nombre «Rusia»). Tras su muerte, Ririk reclamó el territorio de su hermano, convirtiendo a Nóvgorod en la capital de todo el dominio de la Rus. Su sucesor, Oleg, trasladó la capital a Kiev. Fiel a sus antepasados vikingos, Oleg continuó conquistando nuevos territorios, aumentando el dominio de la Rus de Kiev y amasando increíbles riquezas gracias al lucrativo comercio con Constantinopla.

Según las leyendas, una profecía predijo a Oleg que moriría montado en uno de sus caballos. Para evitarlo, Oleg dejó de montar ese animal. Sin embargo, tras ampliar con éxito su territorio (y creerse invencible), Oleg empezó a plantearse volver a montar el caballo, pero había muerto. Sin embargo, encontró sus huesos. Satisfecho de que ya nunca le causaría la muerte, Oleg pisoteó el cráneo del animal. Justo en ese momento, una serpiente salió de debajo de los huesos del animal y lo mordió. Oleg murió poco después.

El sucesor de Oleg fue el hijo de Rurik, Igor, quien se propuso conquistar y comerciar, al igual que su predecesor. Por desgracia, no era bueno cobrando recompensas de los territorios conquistados y las tribus se rebelaron contra los altos precios y lo mataron. Le sucedió su esposa Olga, quien, según cuentan, se vengó de los asesinos de su marido. Cuando los emisarios (pertenecientes a las tribus que su marido quería conquistar) fueron a verla, Olga les hizo creer que se casaría con uno de ellos solo para engañarlos y quemarlos vivos en su casa de baños.

Cuando Vladimir el Grande asumió el poder y abrazó el cristianismo, la era de la Rus de Kiev empezó a terminar. Además de convertirse al cristianismo, Vladimir envió 6.000 soldados al emperador del Imperio bizantino para defender su trono. A cambio, pudo casarse con la hermana del emperador, forjando una poderosa alianza entre ambos dominios. Como resultado de este acuerdo, la Rus de Kiev comenzó a abrazar la cultura bizantina. Vladimir erigió iglesias para animar a los habitantes a practicar la nueva fe, e incluso construyó escuelas para mejorar la alfabetización (lo que contribuyó a la difusión del cristianismo). Aunque la economía floreció y la Rus de Kiev siguió expandiéndose, tras el reinado de Yaroslav I, hijo de Vladimir, la federación fue víctima de las luchas por el poder real. Las Cruzadas provocaron una mayor inestabilidad y cuando los mongoles invadieron el territorio en el siglo XIII, la Rus de Kiev no tuvo ninguna posibilidad de contraatacar.

20. El asedio vikingo a París: una ciudad amenazada

El primer encuentro de Francia (conocida entonces como el Imperio franco) con los asaltantes vikingos, en el año 799, marcó el comienzo de un largo periodo de incursiones en este territorio. Sin embargo, ese no fue el más memorable de los ataques vikingos, aunque el imperio tuvo tiempo de sobra para preparar su estrategia de defensa. En el 810, el emperador Carlomagno estableció un primer sistema defensivo de torres de vigilancia y fuertes costeros en toda la costa norte. Para reforzar su respuesta a la amenaza que suponían las incursiones vikingas, el sistema de defensa fue respaldado por la creación de una flota naval de considerable tamaño que patrullaba a lo largo de la costa. Aunque esto no impidió que los vikingos continuaran su reinado de terror por todo el Imperio franco, el sistema de defensa sí detuvo los ataques en la desembocadura del río Sena.

Desgraciadamente, dos décadas y media más tarde, el sistema defensivo fracasó cuando los vikingos daneses de Frisia y Dorestad lo rompieron, iniciando incursiones sistemáticas en el territorio. Estas incursiones tenían motivaciones políticas. En lugar de continuar con sus ataques esporádicos, los vikingos empezaron a planificar y coordinar sus estrategias, lo que les permitió obtener recompensas más cuantiosas y pérdidas mínimas. También supuso la creación de bases permanentes en las zonas conquistadas, lo que condujo al establecimiento de los primeros asentamientos vikingos. Además, las incursiones a través del Imperio franco a menudo eran resultado de luchas de poder entre los vikingos escandinavos. Los líderes de las tribus querían ampliar sus territorios y ganar más poder para establecer su dominio sobre las tribus rivales.

Los jefes acumulaban riqueza y estatus, y el botín se distribuía entre los guerreros asaltantes. Naturalmente, los guerreros con más éxito se lo llevaban, lo que provocaba una feroz competencia entre los jefes. Los historiadores teorizan que a esto se debió el repentino cambio de táctica hacia incursiones más organizadas.

A medida que las incursiones se hacían más frecuentes y brutales, cundía el pánico entre la población local. Cuando los asentamientos vikingos empezaron a crecer en número, amenazaron con desestabilizar el Imperio franco. La razón era simple: los asentamientos recién establecidos servían como excelentes bases para los ataques y acercaban la posibilidad de nuevos ataques vikingos.

En medio de este caos, los vikingos llegaron a París en 1845 e inmediatamente lanzaron un ataque para entrar en la ciudad, saqueando y causando destrucción a su paso. Dirigidos por Reginherus, miles de guerreros vikingos llegaron al Sena en 120 barcos, atravesando rápidamente la defensa franca formada por un ejército menor reunido por el rey Carlos a toda prisa. Ni siquiera un breve brote de peste en su campamento impidió a los vikingos saquear y ocupar la ciudad.

Carlos siguió intentando hacer retroceder la invasión, pero fue en vano. Cuando se dio cuenta de que no podía dominar a los vikingos, decidió pagarles un rescate de 7.000 libras de oro y plata, pidiéndoles a cambio que retiraran sus fuerzas. Aunque la importante cantidad de metal precioso fue bien recibida por los vikingos, solo la consideraron una compensación por derrotas anteriores (antes habían perdido tierras y asentamientos a manos del ejército de Carlos). Siguieron más pagos en un intento de ganar tiempo y hacer las paces con los vikingos en el futuro. Estos pagos se conocen como *danegeld*, aunque no está claro si este término se utilizaba en la época. Carlos fue muy criticado por pagar el rescate, pero también tuvo que hacer frente a revueltas locales a lo largo de su reinado, presiones de otros gobernantes europeos e incluso disputas con sus hermanos. Pagar a los vikingos fue una medida prudente para evitar nuevos conflictos y quitar una carga de los hombros al Imperio franco.

Aunque los vikingos terminaron por retirarse de la ciudad, el asedio de París en el 845 fue un momento crucial en la historia europea. Puso de manifiesto los peligros de un choque entre dos culturas muy diferentes. Además, los vikingos grabaron para siempre su nombre en la historia al triunfar sobre los francos. Aunque la invasión no fue un éxito rotundo, dejó su huella en todo el continente y, según algunos, su efecto aún puede sentirse (aunque solo sea en Francia). Y lo que es más importante, las tribus siguieron saqueando la costa mientras viajaban de regreso a sus asentamientos de origen. Su expansión en el imperio continuó y demostraron su destreza militar muchas veces más. Para los francos, la derrota expuso su vulnerabilidad a los ataques enemigos.

21. El *Danelaw*: Los vikingos en Inglaterra

Tras el ataque a Lindisfarne, los vikingos continuaron sus incursiones en la costa noreste del país. Saquearon otros monasterios, anunciando la era vikinga que Inglaterra (y el resto de Europa) iba a sufrir durante trescientos años. Los vikingos siguieron saqueando en suelo irlandés y escocés en los años siguientes. Con el tiempo, se cansaron de desplazarse para hacer incursiones y empezaron a conquistar tierras aprovechables. La invasión más notable fue la liderada por Ivar el Deshuesado y Halfdan Ragnarsson (ambos hijos de Ragnar). Tras lograr la enorme fuerza del Gran Ejército Pagano (como lo llamó la famosa Crónica anglosajona), los vikingos estaban listos para conquistar. Además de querer colonizar, a los hijos de Ragnar también les movía la venganza por la muerte de su padre. Según las sagas nórdicas, el rey de Northumbria mató a Ragnar sumergiéndolo en un pozo lleno de serpientes venenosas.

A la llegada del ejército vikingo, Inglaterra se dividió en cuatro reinos: Wessex, Anglia Oriental, Mercia y Northumbria. El gobernante de Anglia Oriental negoció rápidamente con los vikingos para salvarse a sí mismo y a sus seguidores. Por lo tanto, la invasión no continuó mucho tiempo allí. A cambio de salvar su reino y a sus súbditos, el rey proporcionó a los guerreros sus mejores caballos para que continuaran su campaña. Poco después, los vikingos conquistaron York, la capital de Northumbria, y los guerreros pudieron vengarse del rey. En su lugar, pusieron a un gobernante que podían manejar y fueron con su ejército en busca de más territorios.

Tras una década de conflictos, solo el reino de Wessex permaneció invicto. Estaba gobernado por Alfredo el Grande, quien, tras enfrentarse al caudillo danés y líder vikingo Guthrum en la batalla de Edington, se proclamó vencedor contra los bárbaros. Esto condujo a un acuerdo de paz temporal entre los vikingos y el reino de Wessex. Conocido como el Tratado de Wedmore, el consenso hizo que Guthrum abrazara el cristianismo (y se sometiera al bautismo) y que Alfredo se convirtiera en su padrino. Guntrum también debía retirar su ejército del reino. Poco después, Guthrum y Alfredo llegaron a otro acuerdo que delimitaba en detalle sus respectivos dominios y posibilidades comerciales, garantizando una paz más duradera.

Tras el nuevo acuerdo, las leyes y costumbres vikingas se extendieron por todo el reino, alcanzando los límites septentrionales, las tierras medias y Londres por el lado meridional. El nombre de esta región se identificó como Danelaw, derivado del término inglés antiguo *Dena lagu*, que significa «ley de los daneses».

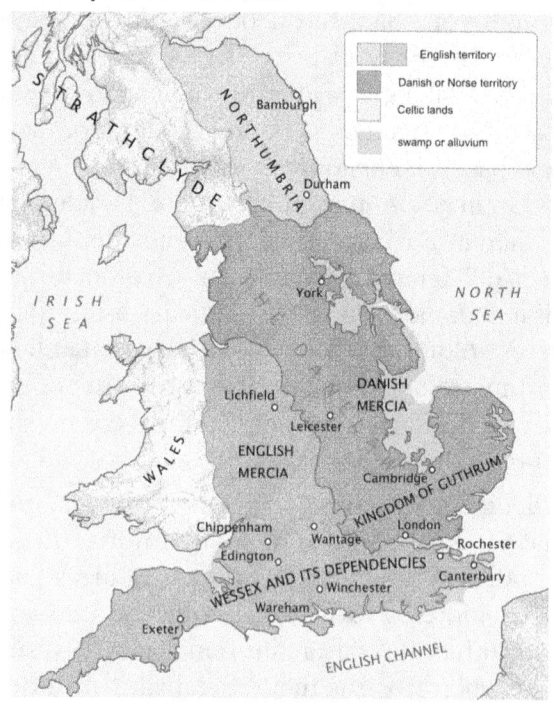

La región de Danelaw
Hel-hama, CC BY-SA 3.0 https://creativecommons.org/licenses/by-sa/3.0, *vía Wikimedia Commons:* https://commons.wikimedia.org/wiki/File:England_878.svg

Aunque los vikingos no tenían colonias en toda esta zona, tenían bases en cinco puntos críticos del este. Estos eran Lincoln, Leicester, Derby, Nottingham y Stamford. Al principio no eran más que los puestos avanzados de cinco ejércitos vikingos que habían invadido y se habían establecido en la región. Cuando se convirtieron en ciudades, recibieron el nombre de los Cinco Distritos y fueron gobernados por condes vikingos. Aunque funcionaban por separado, todos estaban claramente bajo la autoridad directa de los reyes yorkistas.

Los anglosajones y los vikingos coexistieron durante muchas décadas, comerciando, mezclándose y creando comunidades mixtas. La lengua y los topónimos del Danelaw que perduran hasta nuestros días muestran los efectos más evidentes de su coexistencia. Por ejemplo, la palabra nórdica antigua para «aldea» fue el origen del sufijo *-by*, utilizado con frecuencia al final de los nombres de asentamientos vikingos (como Derby, por ejemplo). Otros topónimos vikingos empiezan por «*sky*» (cielo) o «*skin*» (piel). Los británicos modernos deben incluso agradecer a los vikingos las palabras «*law*» (ley) y «*wrong*» (incorrecto), ninguna de las cuales existía en inglés antiguo. Solo se incorporaron al inglés tras establecer un sistema legal en Danelaw.

Por desgracia, la paz duró un tiempo limitado. Después de casi un siglo, volvieron a surgir conflictos entre los vikingos y sus vecinos. Para entonces, Alfredo había aprovechado los acuerdos de paz para reforzar su ejército y erigir numerosos fuertes para defenderse mejor de los vikingos. Lo sucedió su hija mayor, Æthelflæd, que lideró heroicamente la lucha contra los bárbaros. Comenzó asumiendo el gobierno del reino de Mercia, donde encontró los recursos necesarios para lanzar una estrategia ofensiva contra los vikingos. Este movimiento desempeñó un papel importante en la conquista de Danelaw. En el 954 d. C., los Cinco Condados habían caído y Eric Bloodaxe, el vikingo más brutal y rey de Northumbria, fue desplazado de la región. Esto marcó el fin del Danelaw en Inglaterra.

A pesar de la erradicación de Danelaw en Inglaterra, los vikingos se mantuvieron muy activos en suelo británico. Aunque aparentemente cesaron sus incursiones y se retiraron a otros asentamientos, volvieron. Marcharon hacia las ciudades inglesas poco después de reunir a sus ejércitos y, menos de un siglo después, ya se habían apoderado triunfalmente de la nación. Sweyn Forkbeard se convirtió en el primer rey danés de Inglaterra en el 1013. Cnut el Grande, su hijo, le sucedió hasta su muerte en 1035. El último monarca vikingo, Harald Hardrada de Noruega, no fue vencido hasta que el ejército inglés al mando del monarca Harold ganó la batalla de Stamford Bridge en 1066.

Del mismo modo, su cultura dejó un legado permanente en todo el continente europeo (y más allá). Las tradiciones vikingas persistieron en la región del antiguo Danelaw mucho después de que los guerreros sufrieran su última derrota. Las décadas de coexistencia dejaron su huella en la población local, cuyo ADN sigue estando fuertemente imbuido de raíces escandinavas.

Capítulo 5: Relatos de una peste negra mortífera

Tras la repentina propagación de la pandemia más reciente, Covid-19, la gente ha rememorado hitos históricos semejantes a los desgarradores efectos de este desafortunado brote. Una de las tragedias más inolvidables de la historia de la humanidad relacionada con las enfermedades es la Peste Negra. También se conoce como la gran mortandad en referencia a la mayor tasa de mortalidad de la historia (la documentación histórica de las víctimas mortales estimadas ha variado significativamente entre 25 y 200 millones de muertes), que supuso la muerte de aproximadamente un tercio de la población.

La peste negra fue una amenaza que el continente europeo no vio venir antes del siglo XIV. La infame peste segó más vidas que ninguna guerra o enfermedad anterior. Existe la creencia popular de que las epidemias actuales se originaron en la época medieval, por lo que se dice que es una enfermedad que se ha transmitido de generación en generación de diferentes formas.

La peste negra fue una amenaza para el continente europeo
https://commons.wikimedia.org/wiki/File:Doutielt3.jpg

Orígenes de la peste negra

Originalmente, la peste negra hizo presencia en China y otros lugares del interior de Asia. Dejó su huella en los guerreros mongoles de Kipchak Khan Janibeg cuando intentaron asediar el puerto genovés de Kaffa en Crimea (conocido hoy como Feodosiya), en 1347. La peste no los disuadió de su empeño, sino que la utilizaron como arma biológica, catapultando a sus soldados infectados y fallecidos hacia la ciudad de Kaffa, con la esperanza de que infectaran a sus habitantes.

Como resultado de las tácticas inhumanas de Janibeg, la peste negra fue transportada desde el Mar Negro por barcos genoveses que se dirigían hacia el oeste. La llevaron a los puertos mediterráneos (Mesina, Italia), infligiendo los horrores de la peste en Eurasia occidental y el norte de África durante los años siguientes.

Giovanni Boccaccio ilustró un cuadro morboso de la peste negra en el Decamerón. Decía: «Un gran número de personas expiró en la vía pública, día y noche; un gran número pereció en sus casas y solo el hedor de sus cuerpos putrefactos anunciaba la muerte a sus vecinos. Por todas partes, la ciudad rebosaba de cadáveres».

En 1350, la peste negra se había extendido por toda Europa, llegando al norte, incluyendo Inglaterra, Escocia, Escandinavia y los países bálticos.

Aunque muchos historiadores sostienen que la peste fue exterminada en 1353, hay pruebas de que reapareció varias veces entre 1360 y 1400. Se cree que llegó a Europa en oleadas desde Asia central a través de decenas de roedores afectados por el cambio climático e infestados de pulgas portadoras de la peste.

Los investigadores modernos concluyen que la enfermedad era causada por una bacteria bacilar llamada *Yersinia Pestis*. Se cree que esta bacteria no solo viajó en el lomo de los roedores, sino también a través de los humanos, hibernando en los piojos, esperando su momento para causar estragos en la Europa medieval. Los investigadores creen que la peste negra se manifestó en tres formas. La bubónica, la neumónica y la septicémica. La que se cree que más se infiltró en Europa en el siglo XIV es la peste bubónica, cuyos síntomas incluían inflamación de los ganglios linfáticos (concretamente alrededor de las axilas y la ingle), creando llagas que luego se convertían en costras negras, de ahí el nombre de peste negra. También provocaba fiebre y dolores articulares. Este tipo solía ser responsable del 30-75 % de las muertes del total de personas afectadas si no se trataba en las primeras 72 horas. Puede pensarse que este tipo de peste era catastrófico; sin embargo, los otros dos tipos (peste neumónica y septicémica) eran mortales para todos los infectados.

El impacto de la peste negra

Aunque el daño físico que esta enfermedad causó a la población de la época fue arrasador, tuvo otros efectos desagradables que remodelaron el continente durante bastante tiempo. Esta enfermedad dejó sus huellas en la economía, las instituciones religiosas, la política y las condiciones sociales. Estos relatos describen la crueldad de algunos seres humanos cuando se enfrentan a acontecimientos traumáticos.

22. Flagelantes y fanáticos: respuestas religiosas a la peste negra

Aunque se conoció la peste negra, la gente trataba a sus muertos con tanto respeto como siempre. Los dolientes montaban ataúdes y seguían los rituales tradicionales de enterramiento de sus seres queridos. Sin embargo, a medida que se hizo evidente que la enfermedad era más contagiosa de lo que nadie había pensado y que había llegado para quedarse por un tiempo, generó desespero entre la población y los funcionarios declararon que los muertos debían enterrarse en fosas comunes debido al enorme número de cadáveres y a la falta de espacio para parcelas singulares.

Debido a la escasez de tierras, el papa Clemente VI consagró el río Ródano para que pudieran deshacerse de los cadáveres en él.

Los campesinos que presenciaron la calamidad que estaba ocurriendo se sintieron mortificados. Creían que la peste era el resultado de la ira de Dios. Sus creencias estaban respaldadas por la declaración de la Iglesia católica romana, que también afirmaba esto. Suplicaron a los ciudadanos que rezaran y organizaron marchas religiosas para pedir a Dios que les librara de la enfermedad. A pesar de todos estos esfuerzos religiosos, las dudas se filtraron en la mente de la gente al ver que sus figuras religiosas (monjes, monjas y frailes) morían con la misma facilidad que el resto de la gente. En algunos lugares, los servicios religiosos y los sermones cesaron porque no había nadie para dirigirlos.

La gente empezó a refugiarse en la magia, los talismanes protectores y los hechizos. Otros quemaban incienso, pensando que el hedor de los muertos era la causa de la enfermedad. Muchos más pensaban que podían ahuyentar la enfermedad con cañonazos y campanas de iglesia.

Estas desafortunadas circunstancias allanaron el camino para el nacimiento del movimiento flagelante. Este movimiento consistía en un grupo de penitentes que viajaban juntos de un lugar a otro mientras se flagelaban en un esfuerzo por expiar sus pecados. Estos movimientos se originaron en Austria y más tarde cobraron impulso en Alemania y Francia. Aquellos fanáticos, a menudo dirigidos por autoproclamados maestros sin credibilidad religiosa alguna, tuvieron mucho que ver en la propagación de la peste. También causaron estragos en las sociedades cuando tomaron por costumbre atacar a minorías como los judíos. Como consecuencia directa de los escándalos y de la conducta vergonzosa y la actitud despilfarradora del clero, la fe en la Iglesia empezó a disminuir, lo que llevó a la gente a creer que la peste era resultado de algo paranormal.

23. Chivos expiatorios en crisis: la persecución de los judíos durante la peste negra

El miedo fue el catalizador más fuerte de estos prejuicios y agresiones. Una de las consecuencias más desafortunadas de la peste negra fue la culpabilización a la sociedad judía. Los creyentes cristianos atribuyeron la enfermedad a la magia judía, creyendo que los judíos habían envenenado deliberadamente los pozos para dañar a los cristianos utilizando la magia negra. Cada vez más gente perdía la fe en la Iglesia y buscaba explicaciones sobrenaturales; muchos dirigieron esa atención a la comunidad judía, incluidos los fanáticos del movimiento flagelante.

Algunos judíos fueron obligados a confesar mediante la tortura y, más tarde, unos veinte judíos fueron asesinados. El rey Pedro de Aragón se esforzó por reducir las hostilidades contra la comunidad judía. Sin embargo, eso no impidió los disturbios que estallaron en toda Europa contra ellos, obligando a varios monarcas a emitir órdenes de arresto.

Esta manía se extendió como pólvora en comunidades que aún no habían sido tocadas por la peste. En Chillon, no lejos de Ginebra, los judíos fueron atacados cuatro meses antes de que alguno de los lugareños cayera enfermo. Esto fue provocado por el rumor de envenenamiento de los pozos que se extendió desde las zonas afectadas.

Muchos de los crímenes cometidos contra los judíos ocurrieron en zonas donde se hablaba principalmente alemán; sin embargo, se cree que se originaron en territorios franceses y españoles. Algunos historiadores sostienen que no hubo una relación directa entre las masacres y la aparición de la enfermedad, mientras que otros afirman que la quema de judíos comenzó antes de que la enfermedad llegara a Europa. En otros relatos, los gobiernos cristianos eran los culpables de lo que se creía un meticuloso plan ejecutado para atacar a los judíos.

Había dos teorías predominantes para explicar la injusticia que sufrían los judíos. El efecto chivo expiatorio y el efecto de complementariedad. El efecto chivo expiatorio era el resultado del declive de la enfermedad, que llevó a la gente a culpar al grupo marginado de la sociedad (de forma parecida a como se señaló y culpó a los asiáticos de Covid-19 en 2020). El efecto de complementariedad se debía al enorme impacto que los judíos tenían en la economía, haciendo que los cargos que desempeñaban fueran de más poder a medida que la plaga golpeaba.

El antisemitismo se extendió casi tan rápido como la peste por parte de los ricos y poderosos que estaban en deuda con los judíos (más tarde denominados asesinos de judíos) en un esfuerzo por absolverse de sus deudas.

Al comienzo de la peste negra, se estimaba que había comunidades judías en unas 363 ciudades. Al final de la peste, se cree que casi la mitad de estas comunidades habían sido exterminadas u obligadas a abandonar sus hogares.

24. La revuelta de los campesinos y la peste

La peste negra afectó significativamente al *statu quo* social, arrasando la Europa medieval. En Inglaterra se produjo una importante escasez de trabajadores y campesinos y se calcula que el 40 % de la población pereció a causa de la peste (el punto álgido de esta mortandad se produjo entre el verano de 1348 y la primavera de 1350). Al ser una nación agrícola que dependía de la abundancia de trabajadores de clase baja, se generó una gran crisis, concretamente para los ciudadanos de clase alta de la sociedad. Cuando los trabajadores se dieron cuenta de que había una mayor demanda de sus habilidades, empezaron a negociar con sus amos para obtener mejores salarios. Abandonaron sus pueblos en busca de mejores salarios a cambio de sus servicios. Estos actos causaron gran consternación entre las clases altas que, hasta la llegada de la peste, disfrutaban de lujos y privilegios que los campesinos solo veían de lejos.

Tras muchas presiones de los señores de las tierras sobre el gobierno, se aprobó el estatuto de los peones con el beneplácito del rey Eduardo III.

Esta ley implicaba que los campesinos y obreros no debían aprovecharse de la escasez de mano de obra y pedir salarios extra, sino que estaban obligados a trabajar a cambio de los mismos salarios que habían aceptado antes de la peste negra. Estos salarios eran determinados por las personas que los contrataban. Se impuso un nuevo impuesto a todos los campesinos (hombres y mujeres), independientemente de su riqueza.

Esto causó un alboroto en las clases bajas, no solo porque limitaba sus ingresos, sino por los acontecimientos que siguieron.

Las personas que intentaban huir de sus hogares en busca de mejores salarios eran arrastradas de vuelta por la fuerza por los terratenientes. A los trabajadores que se negaban a acatar la ley les esperaban castigos físicos y cuantiosas multas por parte de los terratenientes locales. Algunos de los terratenientes intentaban convertir a la gente en siervos o villanos (arrendatarios a la antigua usanza que pagaban sus cuotas a los terratenientes mediante servicios a cambio de tierras) para ahorrar dinero y no pagar salarios.

Estos actos malvados e injustos fueron el combustible que encendió la revuelta campesina, también conocida como La Gran Revuelta. La clase baja soportó durante treinta años el decreto de la ley hasta que marcharon desde sus aldeas a Londres en mayo de 1381. Los valores cristianos según los cuales todos los hombres nacen iguales y deben ser tratados con respeto fueron utilizados por los sublevados para respaldar la campaña. Por otra parte, la institución de la Iglesia medieval fue condenada por muchos de los defectos de la sociedad.

Los plebeyos se alzaron contra las viejas ataduras que decían que las personas que habían nacido con privilegios estaban por encima de ellos y merecían más. Se repetía un cántico: «Cuando Adán cavaba y Eva zurcía, quién era entonces el caballero». Expresaba su rabia por ser tratados con desigualdad. Incendiaron edificios y liberaron prisioneros. Alguaciles y funcionarios fueron apresados y asesinados. Se incendiaron mansiones, quemando la mayoría de los registros en Maidstone, Canterbury y Rochester en un esfuerzo por destruir el señorialismo.

Cuando los aldeanos llegaron a Londres el 13 de junio, se encontraron con más plebeyos descontentos que tenían sus propias rencillas con los ricos de la ciudad. Muchos de los letrados y funcionarios de la corona se convirtieron en blanco de ataques por viejos agravios y rencores. El 14 de junio, el rey Ricardo II, que se cree que entonces solo tenía 14 años, abandonó la seguridad de la torre de Londres para reunirse con los campesinos y escuchar sus demandas en Mile End. El rey escuchó las demandas que le recitó el líder de los campesinos, Wat Tyler de Maidstone (se cree que le acompañaba otro líder, el demagogo sacerdote John Ball). Ricardo accedió a las demandas e incluso permitió a los campesinos vengarse de quien creyeran que lo merecía.

Tras esta reunión, la torre de Londres fue asaltada y el arzobispo de Canterbury, Simon Sudbury, fue capturado y ejecutado por una turba liderada por Johanna Ferrour.

Los saqueos y asesinatos continuaron durante un día más, lo que hizo que el rey convocara otra reunión con el líder de los rebeldes el 15 de junio, esta vez en un campo de Smithfield, a las afueras de Londres. Las demandas hechas en esta reunión incluyeron:

- La completa abolición de la servidumbre y de los villanos.
- Que todos recibieran derechos gratuitos de pesca y caza.

- Una retracción de la ley laboral que limitaba los aumentos salariales.
- La redistribución de las riquezas eclesiásticas, en concreto las de las grandes abadías.
- La participación de los campesinos en el gobierno.
- La única autoridad debía estar en manos de la corona y no delegarse en los terratenientes.

El resto de la reunión está envuelto en el misterio. Algunos dicen que Tyler estaba agitado y parecía tener intención de golpear al rey; otros dicen que escupió agua a los pies del rey. Como resultado, William Walworth, el alcalde de Londres, o un soldado de la guardia del rey se acercó y lo apuñaló. Se dice que huyó de la reunión y consiguió que lo llevaran a un hospital para recibir tratamiento, pero fue devuelto a Smithfield para ser ejecutado. El rey declaró a la multitud que sus demandas serían satisfechas. Afirmó que él era su líder y que debían irse a casa, ya que habían cumplido su misión. Muchos campesinos hicieron caso de sus palabras y regresaron a sus tierras; sin embargo, el rey no tenía intención de cumplirla.

En lugar de cumplir su promesa, el rey Ricardo reunió a casi 150 de los rebeldes y los ejecutó en la horca. Después hubo intentos menores de rebelión, que fueron aniquilados sin piedad, y sus cabecillas ejecutados como traidores, entre ellos John Ball, que no solo fue ahorcado, sino también descuartizado.

La cabeza de Tyler se expuso en el puente de Londres.

A pesar de lo decepcionante de este resultado, tras el breve encarcelamiento y la inexplicable muerte del rey, algunas reformas empezaron a florecer en Inglaterra. Se revocó el impuesto de capitación y las limitaciones a los salarios no se aplicaron tan estrictamente, mientras que los villanos podían comprar la libertad a sus terratenientes. Las leyes ya no servían para condenar a los campesinos a la servidumbre, sino para documentar que el jornalero había comprado efectivamente su libertad y que la tierra era suya y podía transmitirla a su linaje.

25. Un golpe al feudalismo: impactos económicos de la peste negra

De forma parecida a lo que se vive hoy en día a raíz del Covid-19, la economía tras la propagación de la peste negra se vio extremadamente inflada. La enfermedad hizo difícil e inseguro adquirir o fabricar productos debido a la cuarentena y al miedo a la infección, por lo que los precios de los productos locales y extranjeros se dispararon. Muchos hogares que habían perdido al sostén de la familia dependían de la beneficencia para subsistir, lo que puso a prueba a las entidades cívicas de los gobiernos.

Aunque la revuelta de los campesinos no concluyó en una resolución positiva para la situación económica de la clase baja, a largo plazo las cosas mejoraron un poco. Con la desaparición gradual de los siervos, los trabajadores ya no tenían que trabajar en una sola tierra y eran libres de vagar y encontrar una mejor compensación por su trabajo, lo que reconfiguró la economía agraria. Debido a la escasez de trabajadores tras la mortandad de la peste negra, si se abandonaba a un señor, se encontraba otro inmediatamente. En definitiva, el nivel de vida se elevó en todas partes. La renta per cápita y los salarios empezaron a crecer. Con el aumento de la riqueza para la clase baja llegó la capacidad de comprar más productos, lo que incrementó la producción de los bienes demandados. La posición económica de Europa tras la peste se alteró muy drásticamente en comparación con otros continentes como Asia.

26. Sobrevivir a la peste: relatos de resistencia y resiliencia

Las historias de la peste negra no son todas de desesperación y melancolía social. Algunas historias inspiran resistencia, recuperación y valor para enfrentarse a lo desconocido. La respuesta cultural a la llegada de la peste a Europa varió entre encontrar un propósito frente a las horribles circunstancias a través de la iluminación espiritual y la salvación en el más allá o a través de la lucha por la justicia y la liberación. Estos temas se afianzaron mucho en el siglo XIV.

Se pueden encontrar pruebas de la resistencia en expresiones artísticas observadas en la literatura como El Decamerón, escrito por Giovanni Boccaccio, o Los cuentos de Canterbury de Geoffrey Chaucer, inspirados durante la peste. También afectó al mundo del arte, ya que durante la peste negra se produjo una amplia colección de pinturas.

Ahora bien, es cierto que la peste tuvo un efecto mortal inmediato en la economía. En retrospectiva, sin embargo, la forma en que las comunidades se recuperaban, recogían los pedazos y volvían a montar la estructura social de una manera mejor y más justa es una prueba de que las personas afectadas por la tragedia se adaptaron a los cambios con prontitud y eficacia.

Una de las teorías más debatidas de la historia es la del «toque de luz» de la peste en las zonas meridionales de Europa. Este relato, que se considera ficticio, se centra principalmente en el sur de los Países Bajos. Sugiere que los Países Bajos no se vieron tan afectados por la peste negra como el resto de Europa; sin embargo, arroja luz sobre la facilidad con la que estas zonas consiguieron recuperar su población. Algunos creen que esto se debió a que los resistentes asentamientos urbanos permitieron que los emigrantes de las zonas rurales devastadas se refugiaran en sus tierras.

Capítulo 6: Relatos del Renacimiento

El Renacimiento es una época crucial de la historia europea caracterizada por el ascenso de familias distinguidas que transformaron el panorama cultural y político de la región. Este capítulo explora las historias de familias influyentes que dieron forma al Renacimiento italiano. Conozca su poder e influencia política, cultural y económica.

El Renacimiento es una época crucial de la historia europea que se caracteriza por el auge del panorama cultural y político
https://commons.wikimedia.org/wiki/File:Last_Judgement_by_Michelangelo.jpg

Italia estaba organizada en varias ciudades-estado (como Siena, Florencia, Venecia y Nápoles) en la época en que los Medici ascendieron al poder. Los Medici alcanzaron el poder en Florencia en 1434, cuando comenzó el Renacimiento, y gobernaron durante más de seis décadas. Las familias adineradas de este lugar cultural y próspero se permitían apoyar a los artistas emergentes, un comportamiento que la familia Medici respaldaba.

Los Medici figuran entre las familias más influyentes de la historia europea. Establecieron Florencia como centro cultural, transformaron el sector bancario, llevaron a cabo reformas políticas y fueron mecenas de las artes, dando lugar al Alto Renacimiento, que fue un periodo de florecientes esfuerzos artísticos.

27. Avances en la banca y las finanzas

Cosimo el Viejo construyó el banco de los Medici en Florencia, que más tarde se expandió a otras ciudades-estado e incluso a ciudades extranjeras como Bruselas y Londres. Las sucursales de los países vecinos permitieron al papado encargar mercancías de fuera de Italia.

La ubicación estratégica de las sucursales, junto con la invención de herramientas financieras transformadoras, los convirtió en pioneros del sector bancario. Por ejemplo, introdujeron el sistema de contabilidad por partida doble, hoy considerado un principio básico y fundamental de las finanzas y la contabilidad. Los pagos transcontinentales eran arriesgados en aquella época, un problema del que los Medici se ocuparon inventando las cartas de crédito, que servían como prueba de un pago aún por recibir.

Mecenazgo y florecimiento artístico

La familia Medici ayudó a establecer algunos de los monumentos italianos más populares como la Basílica de San Pedro, la Capilla Sixtina y el Duomo de Florencia gracias a su mecenazgo, sus relaciones y sus estrategias políticas. Florencia no tenía la fuerza militar de otras ciudades-estado italianas, lo que la hacía vulnerable a los ataques. El hecho de que los Medici fueran hábiles diplomáticos ayudó significativamente a su posición.

Cosimo el Viejo negoció brillantemente su camino a través de una serie de guerras en Lombardía, a las que puso fin porque sabía que el enfrentamiento perjudicaba al comercio. Ayudó a todos los estados a llegar a un acuerdo sobre el territorio que Lorenzo de Medici, su sucesor, mantuvo vivo. Lorenzo era querido por el pueblo porque liberaba esclavos y realizaba otros actos bondadosos.

Algunos sugieren que la obra de Botticelli *Palas y el centauro* fue realizada en honor a Lorenzo, ya que su habilidad negociadora también protegió a Florencia y su independencia de ciudades con ejércitos poderosos. Lorenzo encarnaba la sabiduría de Palas Atenea y Florencia representaba la fertilidad de la humanidad, simbolizada por el centauro. Lorenzo fue también uno de los mecenas artísticos más destacados de los Medici, ya que apoyó a artistas importantes como Miguel Ángel y Botticelli.

Lorenzo de Medici conoció a Miguel Ángel mientras estudiaba en la Academia de San Marcos. A pesar de ser un adolescente en aquel entonces, el artista impresionó a Lorenzo con su habilidad para la talla y logró que lo invitara a quedarse durante dos años. Durante su estancia, Miguel Ángel se convirtió en alumno de Donatello y entabló una amistad duradera con los hijos de Lorenzo, que más tarde se convertirían en los papas Clemente VII y León X. Más tarde, el artista recibió el encargo de pintar las paredes superiores de la Capilla Sixtina por parte del papa Julio II y regresó 25 años después para pintar el Juicio Final. Donatello también recibió el encargo de crear el mundialmente conocido David de bronce, el Judith y Holofernes.

Evolución arquitectónica

El primer duque de Toscana, Cosimo I de Medici, estableció inicialmente la Galería Degli Uffizi como centro administrativo de la familia. Sin embargo, se transformó en una galería de arte pública en la que se exponían numerosas obras notables, como «El nacimiento de Venus» de Botticelli y «Laocoonte y sus hijos» de Bandinelli.

Cosimo el Viejo encargó la construcción del Duomo de Florencia, que sufrió numerosos retrasos debido a los problemas técnicos a los que se enfrentaron los arquitectos al construirlo sin contrafuertes góticos. Sin embargo, Brunelleschi demostró que podía construir la cúpula sin andamios, creando una de las estructuras más altas del mundo. El papa León X también supervisó la construcción de la Basílica de San Pedro, un proyecto cuestionado por Martín Lutero.

Las conspiraciones y la resistencia que inspiraron una obra interesante

En 1478, Giuliano de Medici y Lorenzo el Magnífico fueron atacados durante una misa pública. Mientras el primero murió, Lorenzo sobrevivió con heridas. Al presenciar el intento de asesinato, los ciudadanos enfurecidos capturaron y mataron a los conspiradores. La familia Medici permaneció en el poder y el acontecimiento se conmemoró en el arte.

Más tarde, la familia Medici se exilió a Roma entre 1494 y 1512 por cuestiones políticas y fue sustituida por una familia antimedici. La estatua de David, encargada inicialmente con fines religiosos, se colocó en el ayuntamiento. El gobierno orientó el ojo de David en dirección a Roma, dándole un nuevo significado político.

Durante el exilio de los Medici, Maquiavelo, teórico y diplomático, se relacionó con figuras antimedici. Por ello, fue incluido en la lista de conspiradores de los Medici en cuanto regresaron a Florencia. El filósofo fue torturado y encarcelado, pero finalmente se libró de la ejecución gracias al papa León X. Más tarde, Maquiavelo dedicó «El Príncipe» al siguiente gobernante de los Medici con la esperanza de asegurarse un puesto en la corte. Valga decir que sus esfuerzos fracasaron.

Avances en el mundo de la ciencia, la música y la moda

El primer duque de Toscana publicó un libro sobre sus descubrimientos con telescopios, que incluía la observación de las lunas de Júpiter, en 1610, después de haber sido tutelado por Galileo Galilei. La familia también realizó avances musicales, que incluyeron el apoyo financiero a importantes teatros de ópera. Bartolomeo Cristofori inventó el piano mientras trabajaba en la corte de la familia.

Catalina de Medici también realizó avances en el mundo de la moda y los deportes ecuestres. Encargó un par de zapatos de tacón alto porque quería parecer más alta, estableciendo la moda de estos zapatos como símbolo de riqueza y estatus. Fue una decisión audaz porque, en aquella época, los tacones altos eran populares entre los carniceros que querían evitar mancharse los pies de sangre. La noble también popularizó la equitación lateral para que más mujeres pudieran montar sin sentirse expuestas.

Los últimos Medici

El linaje de los Medici terminó con Gian Gastone de Medici, último gran duque de Toscana, que no tuvo herederos varones. Ana María Luisa de Medici comprendió que Francisco de Lorena heredaría el poder en Toscana y que todos los bienes de su familia pasarían automáticamente a sus manos. Ella, por lo tanto, declaró que todo lo que perteneciera a su familia permanecería en Florencia para adornar la ciudad, beneficiar a su gente y atraer a los extranjeros.

28. La familia Borgia: un papado manchado por el escándalo

La familia Borgia es una de las familias nobles italianas más famosas y controvertidas del Renacimiento. Los Borgia procedían del reino español de Valencia y se trasladaron a Italia. Su reinado influyó significativamente en la historia de Italia y de la Iglesia católica. A pesar de sus escandalosas historias y controversias, la familia apoyó a varios artistas e intelectuales de la época.

El ascenso al poder de los Borgia

Alfonso de Borgia se licenció en derecho canónico y civil, cultivando una exitosa carrera en el campo de la política, además de investirse en la Iglesia. Fue representante diocesano y ascendió hasta convertirse en secretario y vicecanciller del rey Alfonso V de Aragón. Después fue regente interino cuando el rey fue a conquistar Nápoles.

Alfonso se ganó el reconocimiento de Roma y llegó a ser sacerdote y obispo cuando negoció con un papa rival. Unos años más tarde, Alfonso viajó a Nápoles para reorganizar el gobierno antes de representar a Aragón en un concilio para reconciliar las iglesias occidentales y orientales. Aunque fracasó, se consagró como un diplomático magistral.

Alfonso desempeñó un papel crucial que ayudó al rey a negociar la aprobación papal para su gobierno en Nápoles, por lo que fue recompensado con el título de cardenal en 1444. Un año más tarde, se trasladó a Roma a la edad de 67 años. A diferencia del resto de su familia, era un hombre honesto, sobrio y dedicado, que más tarde creó una reputación escandalosa. Uno de los sobrinos de Alfonso, Rodrigo, estudió derecho canónico y acabó trabajando para la Iglesia. Aunque tenía un trabajo apreciado, era tristemente célebre por sus aficiones románticas. El otro sobrino de Alfonso se convirtió en comandante del ejército.

El ascenso de Alfonso al papado

El mismo año de su regreso a Roma, Alfonso fue elegido papa porque no estaba involucrado con ningún grupo importante y su edad sugería un reinado corto. Al recibir el título, Alfonso cambió su nombre por el de Calixto III. Como español gobernando en Roma, Calixto tuvo varios enemigos. Siguió una estrategia de gobierno prudente para evitarlos, así como a los principales grupos de la ciudad. Sin embargo, no recibió una cálida bienvenida, ya que el pueblo se amotinó en su primera ceremonia. También rompió con el rey Alfonso V tras ignorar su petición de ir a una cruzada.

Calixto promovió a su familia, nombrando cardenales a Rodrigo y a su hermano mayor, Pedro, y asegurando una serie de cargos para otros miembros. Con veintitantos años, los hermanos no se tomaron en serio sus cargos y protagonizaron actos que escandalizaron a la ciudad. Rodrigo fue nombrado legado papal en otra ciudad, cargo en el que demostró éxito y talento. Más tarde se convirtió en el segundo al mando de la iglesia. Pedro también cambió de puesto y se le concedió el mando de un ejército. También él era muy hábil y ascendió a prefecto y duque.

Pedro fue en misión a conquistar Nápoles cuando murió el rey Alfonso V. Muchos creen que Calixto planeó que Pedro gobernara Nápoles. Sin embargo, Pedro tuvo que luchar con sus rivales por la jurisdicción de Nápoles y pronto murió de malaria. La muerte de Calixto se produjo en 1458.

Rodrigo finalmente se convierte en papa

Rodrigo intervino en la elección de Pío II como próximo papa. Sin embargo, sabía que corría peligro por ser un joven español sin mecenas. Decidió entonces establecerse como un aliado destacado del papa y se aseguró el puesto de Vicecanciller. Rodrigo era capaz de mostrarse digno del título. Sin embargo, lo que pudo más que su habilidad fue su amor por el dinero y las mujeres. Por ello, no siguió los pasos de su difunto tío e incluso fue reprendido por el papa por su conducta inapropiada y sus aventuras románticas. En lugar de tomárselo como una seria advertencia y centrarse más en su carrera, Rodrigo intentó ser más discreto. A pesar de su cautela, tuvo muchos hijos. César, nacido en

1475, y Lucrecia, que vino al mundo cinco años después, fueron los más notables.

El papa Pío II murió en 1464, y Rodrigo volvió a influir en la decisión de la elección del siguiente papa: Pablo I. Unos años más tarde, Rodrigo fue enviado a España con la autoridad de aprobar o rechazar el matrimonio de Fernando e Isabel. Aprobar su matrimonio significaba que estaba de acuerdo con la unión que se formaría entre las regiones españolas de Aragón y Castilla; si negaba el matrimonio, negaría la unión entre las regiones.

Rodrigo aceptó el matrimonio, ganándose el apoyo del rey Fernando. También utilizó su posición para nombrar duque a su hijo y casar a sus hijas estratégicamente. En lugar de elegir a Rodrigo como papa, los cardenales eligieron a Inocencio VIII. Rodrigo hizo todo lo posible para llegar al trono. Incluso se ganó el apoyo de Inocencio, que provocó mucho caos antes de morir. Rodrigo siguió sobornando a personas en posiciones de poder hasta que finalmente alcanzó el papado. Entonces fue rebautizado como Alejandro VI.

El papa Alejandro VI

Sorprendentemente, el papa Alejandro VI se ganó el apoyo del público. Aunque era un hábil diplomático, llevaba un estilo de vida ostentoso y hedonista. Alejandro no podía separar su posición y riqueza de su familia, por lo que su hijo pronto fue nombrado cardenal. El resto de su familia llegó y se estableció por toda Italia para cosechar su parte de las recompensas. Aunque el nepotismo era habitual en el papado, Alejandro llegó muy lejos en el abuso de su posición.

Tuvo varias amantes y aventuras, lo que manchó la imagen de la Iglesia. El desorden aumentó cuando sus hijos empezaron a tener problemas con las familias con las que se casaban. Alejandro trató de salvar la situación mediante negociaciones, que incluyeron el matrimonio de Lucrecia, que entonces tenía 12 años, con Giovanni Sforza. Más tarde se alejó de la pareja cuando Giovanni se opuso a él.

Alejandro se retiró a un palacio en lugar de huir cuando el rey Carlos VIII de Francia invadió Italia. Creyó que podría negociar un compromiso que garantizara su vida junto con un papado independiente. Francia se hizo con el control de Nápoles y Alejandro contribuyó a que el resto de Italia se uniera. Sin embargo, supo que era el momento de huir cuando el rey Carlos regresó a Roma.

César Borgia

En 1498, el papa Alejandro formó una alianza con el nuevo rey francés, Luis XIII, concediendo a César el título de duque de Valencia. César también se casó con la familia del rey y ganó un ejército. El duque regresó a Italia, iniciando una notable carrera militar, y nunca volvió a ver a su mujer embarazada y a su hijo.

El éxito militar de César le otorgó poder sobre su padre.
https://commons.wikimedia.org/wiki/File:Cesareborgia.jpg

El éxito militar de César le otorgó poder sobre su padre, y quienes querían concertar citas con el papado encontraban más económico hablar con él que con Alejandro. César obtuvo el título de capitán general del ejército de la Iglesia. Sin embargo, mucha gente le atribuyó la muerte del marido de Lucrecia, junto con otros asesinatos sin resolver. Las conquistas de César dejaron a la familia el control de una gran cantidad de tierras. Lucrecia también fue enviada a casarse con Alfonso d'Este para asegurar la estrategia de César.

La caída de los Borgia

César pronto reconoció que su alianza con Francia ya no era beneficiosa. Después de planear todo lo necesario para separarse, su padre murió de malaria en 1503. Alejandro era su benefactor; sus tierras aún no estaban unidas y, además, estaba muy enfermo. César se vio obligado a huir después de que sus enemigos regresaran del exilio para luchar. El nuevo papa lo arrestó. También expulsó a la mayoría de los Borgia de sus cargos y controló a los demás. Tras ser liberado, César se dirigió a Nápoles, donde Fernando de Aragón volvió a arrestarlo. Consiguió escapar dos años después, pero terminó asesinado en 1507, cuando sólo tenía 31 años.

Lucrecia Borgia

Lucrecia hizo las paces con su marido y la familia de este. También se reconcilió con su estado, donde se convirtió en regente y asumió cargos en la corte. Patrocinó a varios artistas, creando una corte de gran belleza y cultura. Supervisó el Estado incluso durante la guerra. Fue muy querida por el pueblo y murió en 1519, a los 39 años.

29. Los Sforza de Milán: guerreros y mecenas

La familia Sforza fue conocida inicialmente con el nombre de Attendoli. Esta humilde familia italiana engendró a quienes más tarde estarían entre las dos fortunas más populares, dando lugar a una dinastía cuyo reinado se prolongó durante casi un siglo. Los Attendoli eran una acaudalada familia de campesinos que asumieron el apellido Sforza, que se traduce por fuerza, cuando llegó Muzio Attendolo, el fundador de la dinastía. Tanto Muzio como su hijo Francesco eran comandantes del ejército mercenario. Francesco fue nombrado duque de Milán al casarse con Bianca, la hija del duque Filippo Maria Visconti, en 1450.

Francesco Sforza, mecenas del arte y la arquitectura

Francesco y Bianca dieron a luz a Galeazzo Maria Sforza en 1444. Tres años más tarde, el duque Filippo Visconti murió sin heredero varón legítimo. Los milaneses pensaron que era una oportunidad para establecer la República ambrosiana, que más tarde cayó debido a una crisis financiera. Contrataron a Francesco para mantener el orden en

Milán. Sin embargo, él decidió aprovecharse de la situación y aliarse con Venecia. Pidió dinero prestado a la familia Medici para establecer tropas fuertes y sitió Milán hasta que el nuevo gobierno se rindió en 1450.

Contrató a Filatrete, que escribió un tratado representándose a sí mismo como arquitecto, y con Francesco, el mecenas, conversaron sobre una ciudad ideal llamada Sforzinda. Francesco ordenó la continuidad de los proyectos que los Visconti habían iniciado y encargó la creación de otros nuevos. Siguió apoyando la construcción de la catedral de Milán y la Certosa di Pavia. También encargó el Hospital Mayor y una iglesia en el monasterio de Santa Maria delle Grazie.

Galeazzo Maria Sforza

Galeazzo Maria Sforza demostró ser un gobernante capaz tras la muerte de su padre en 1466. Aunque se le consideraba ostentoso, autoritario y extravagante, Galeazzo Maria era muy bueno en su trabajo. Fue responsable de muchos proyectos que apoyaron el campo de la agricultura, como la construcción de canales de irrigación y transporte y la introducción del cultivo del arroz. También desempeñó un papel importante en el impulso del comercio y el fomento de la fabricación de textiles como la lana y la seda. Galeazzo también contribuyó al enriquecimiento de la cultura milanesa patrocinando a varios poetas, músicos, eruditos y artistas. Algunas insuficiencias en su estrategia política provocaron el aislamiento de Milán. Fue asesinado por tres conspiradores en Navidad.

Ludovico Sforza

Ludovico Sforza, hermano de Galeazzo, desempeñó un gran papel en el avance de las artes y la política durante el Renacimiento. Se casó con Beatrice d'Este, que murió al dar a luz a sus dos hijos en 1497. Ludovico intentó establecer una alianza con Francia para desestabilizar a sus enemigos, animando al rey Carlos VIII a invadir el resto de Italia. Sin embargo, la diplomacia no era su fuerte y su pacto desembocó en la ocupación francesa de Milán en 1499. Finalmente, murió mientras era prisionero de los franceses en 1508.

A pesar de su caída política, Ludovico fue un importante mecenas de las artes. Le encargó a varios artistas importantes como Bramante y Leonardo da Vinci, proyectos destacados como *La última cena*. También encargó numerosos proyectos arquitectónicos, como la renovación de varias iglesias milanesas y la construcción de la Piazza

Ducale de Vigevano.

Los Medici, los Borgia y los Sforza se cuentan entre las familias más importantes del Renacimiento italiano. Su poder y sus contribuciones dejaron una influencia duradera en la región. Los Medici fueron generosos mecenas de las artes y pioneros de conceptos financieros transformadores que convirtieron a Florencia en un centro cultural. Aunque los Borgia fueron controvertidos, desempeñaron un papel clave en el apoyo a varios artistas y eruditos, y los Sforza configuraron el paisaje político, arquitectónico y artístico de Milán.

Capítulo 7: Relatos de exploración y expansión

La expansión y la exploración hicieron que el mundo pareciera mucho más pequeño y accesible. La formación de nuevos países como Estados Unidos se debe a que la era de la exploración permitió que se formaran nuevas culturas únicas en diferentes partes del mundo. Además, la expansión, junto con el desarrollo de nuevas tecnologías, creó el mundo globalizado de hoy en día. Por mucho que se admire el espíritu aventurero de quienes descubrieron nuevas partes del mundo, no se pueden pasar por alto las atrocidades que se cometieron en nombre de los imperios y la religión.

Por lo tanto, es esencial explorar honestamente cómo el mundo europeo interactuó con los pueblos indígenas y cómo la riqueza del mundo occidental creció gracias a la exploración. La compleja relación entre el descubrimiento y las identidades étnicas y religiosas puede contarse a través de las historias de los exploradores que salieron de Europa hacia lo desconocido. Profundizar en los detalles de las historias de expansión de la época imperialista revela cómo se dividió el mundo y cómo influyó esto en la cultura moderna. La colonización y la conquista son partes centrales de la historia europea que permiten contrastar a la perfección los puntos más altos y más bajos del impulso humano por explorar.

30. Colón y el descubrimiento del Nuevo Mundo

Resulta un tanto equívoco afirmar que Cristóbal Colón descubrió América; sin embargo, eso no resta mérito a la increíble hazaña que supuso el viaje de expansión hacia estos territorios desconocidos. Colón fue el primer europeo que pisó América. El descubrimiento del continente ayudó a España a aumentar exponencialmente su riqueza. Además, fue el inicio del proyecto de construcción de Estados Unidos, que el mundo ha visto crecer hasta convertirse en la superpotencia internacional que es hoy.

Cristóbal Colón descubrió las Américas
https://commons.wikimedia.org/wiki/File:The_first_sight_of_the_new_world_-_Columbus_discovering_America_LCCN2006678625.tif

Las rutas de navegación hacia Asia, donde se podía comerciar con recursos valiosos como las especias, estaban controladas en aquella época por el Imperio otomano. El viaje de Colón pretendía encontrar una ruta hacia Asia navegando hacia el oeste desde Europa. Colón era natural de Italia, pero su viaje fue patrocinado por los reyes católicos españoles, inspirados porque habían derrotado a los moros en Granada. El renovado espíritu nacional dotó al Imperio español de aspiraciones aventureras. El 3 de agosto de 1492, Colón partió de las costas de

España en tres naves: la Santa María, la Pinta y la Niña.

El 12 de octubre, Colón tocó tierra por primera vez en las Bahamas, que creía que eran las Indias. Nombró la isla San Salvador y la reclamó para España. El viaje de Colón continuó hasta llegar a Cuba, pensando que era la China continental. Viajó a Haití y la República Dominicana, suponiendo erróneamente que las islas eran Japón. Bautizó las islas con el nombre de La Española, donde estableció una pequeña colonia de 39 hombres. En marzo de 1493, el explorador regresó finalmente a España con cautivos de las tierras recién descubiertas, así como oro y especias. A su regreso, Colón recibió los mayores elogios.

Colón volvió al Nuevo Mundo otras tres veces, en 1493, 1498 y 1502, antes de morir en 1506. El oro que adquirió lo convirtió en un hombre rico y su proyecto ayudó a transformar España en una de las naciones más ricas del siglo siguiente. Se puede afirmar que Europa no habría podido establecerse como una fuerza global sin la valiente aventura de Colón en el Nuevo Mundo. Colón fue una de las figuras clave de la era de las exploraciones y se considera una inspiración para muchos por aventurarse valientemente en lo desconocido. Su influencia en la región que descubrió puede sentirse aún hoy, con islas como Haití y gran parte de Sudamérica que son mayoritariamente católicas.

Aunque muchos honran a Colón como gran explorador y pionero de la excelencia europea, sus logros no están exentos de polémica. Muchos destacan hoy que su trato a los nativos fue atroz e inaceptable. Como los nativos de las islas no practicaban el catolicismo, Colón los consideraba paganos dignos de ser maltratados en nombre del Señor. Se consideraba su superior y creía que debía educarlos religiosamente. El 12 de octubre se celebra el día de Colón, pero debido a las controversias relacionadas con la expansión del Imperio español, algunos optan por celebrarlo como día del indígena, para honrar también a los nativos.

31. Vasco de Gama: el descubrimiento de la ruta marítima a la India

Vasco Da Gama fue el primer europeo en encontrar una ruta oceánica de Europa a la India
https://commons.wikimedia.org/wiki/File:Greg%C3%B3rio_Lopes_-_Vasco_da_Gama_(ca_1524).jpg

Vasco Da Gama fue el primer europeo en encontrar una ruta oceánica de Europa a la India. El viaje de Da Gama siguió al de Bartolomé Díaz, que había navegado desde Portugal a lo largo de la costa de África Occidental hasta lo que hoy se conoce como Sudáfrica. Díaz solicitó completar el viaje rodeando el extremo sur de África hasta la India, pero la corona encargó el viaje a Da Gama. El objetivo del viaje era evitar las rutas comerciales terrestres que históricamente se habían utilizado para el comercio entre África, Oriente Medio e Italia. Además, Da Gama y la corona portuguesa creían que podrían aliarse con las naciones cristianas contra los imperios islámicos de Oriente Medio y el norte de África.

La expedición de Da Gama comenzó en 1497. Llegó a la costa suroeste de la India en 1498. Para el traicionero viaje de Da Gama se construyeron dos nuevos barcos, a los que se sumaron otros dos. Da

Gama capitaneaba el Sao Gabriel y su hermano Paulo Coelho estaba al mando del Sao Rapahel. El mayor de los cuatro barcos estaba capitaneado por otro hermano de Da Gama, Nicolau Coelho. El cuarto barco se llamaba Berrio y podía transportar 200 toneladas de mercancías. El gran tamaño del Berrio permite hacerse una idea de la envergadura que se pretendía dar a la operación para explotar esta ruta comercial recién labrada.

La estrategia de Díaz se diferenciaba de la de Da Gama en que él permanecía cerca de la costa, luchando contra las aguas bravas y los vientos furiosos, mientras que Da Gama se adentraba más en el océano, donde aprovechaba los vientos favorables a su viaje. Cuando Da Gama llegó al sur de África, el 22 de noviembre, a la zona que hoy se conoce como Mossel Bay, la tripulación decidió desmantelar el barco más grande y repartir las provisiones y la tripulación entre los tres barcos que quedaban.

Navegar en aquellos días no era tarea fácil. La tripulación subsistía a base de galletas endurecidas que golpeaban contra los duros suelos de madera de los barcos para sacar los bichos. Estas galletas casi incomestibles se complementaban con un chorrito de aceite de oliva y un chorrito de agua. Algunos días comían ternera salada o cerdo; otros, arroz o queso. Solo los miembros de mayor rango de la tripulación podían disfrutar de algunos frutos secos. La dieta escasa en nutrientes hizo que muchos tripulantes desarrollaran escorbuto, una enfermedad causada por la falta de vitamina C. Cuando llegaron a la costa este de África, en Mobassa, el 7 de abril, fueron asistidos por lugareños que sabían cómo curar la enfermedad. Los miembros de la tripulación que padecían escorbuto recibieron naranjas antes de recuperarse totalmente para continuar la misión.

Da Gama llegó a la India el 18 de mayo de 1498. Sus barcos se llenaron de especias raras, como pimienta y canela, antes de emprender el viaje de regreso a Europa. Muchos más miembros de la tripulación murieron de escorbuto en el viaje de vuelta, porque esta vez no pudieron recibir tratamiento. El segundo viaje de Da Gama, en 1502, fue menos diplomático, ya que el explorador llegó sediento de sangre. La labor de Vasco Da Gama y Cristóbal Colón impulsó a Europa hacia la era del imperialismo, ya que muchas naciones del continente comenzaron a conquistar el mundo.

32. El Tratado de Tordesillas: el reparto del mundo

El Tratado de Tordesillas se firmó para repartir las Américas entre dos de las mayores superpotencias de la época, España y Portugal. Los descubrimientos de Colón supusieron nuevas oportunidades de expansión para los imperios con el fin de aumentar su influencia y riqueza. Como estos nuevos territorios estaban sin reclamar en el mundo europeo, se abrieron las puertas a conflictos y desacuerdos. La Iglesia católica tenía mucho poder en aquella época, así que los gobernantes españoles, la reina Isabel I y el rey Fernando II, pidieron ayuda al papa Alejandro VI para reclamar estas nuevas tierras sin la interferencia de Portugal ni de ningún otro reino cristiano poderoso.

El papa emitió una bula en la que trazaba una línea divisoria que abarcaba unas 320 millas al oeste de las islas de Cabo Verde. España podía reclamar las tierras situadas al oeste de la línea, mientras que Portugal podía conquistar las situadas al este de la demarcación. Además, el papa declaró que las tierras propiedad de la Iglesia no debían tocarse. El rey Juan II se mostró insatisfecho con el acuerdo, porque creía que la bula ataba de manos a su reino a la hora de reclamar las tierras recién descubiertas en el nuevo mundo que Colón había revelado. Además, el rey alegaba que no había suficiente espacio en el mar para moverse libremente entre el continente africano y Europa.

Para responder a las preocupaciones del Imperio portugués, se organizó una reunión en Tordesillas (España). Los embajadores de España y Portugal acordaron desplazar la línea divisoria a 1185 millas al oeste de Cabo Verde. En 1506, el papa Julio II sancionó el cambio de posición de la línea. Este cambio permitió a Portugal conquistar Brasil, que más tarde fue descubierto por Pedro Álvarez Cabral (por eso los brasileños modernos son lusófonos; el territorio portugués se expandió hacia el interior de Sudamérica).

Como las poblaciones nativas de América no eran cristianas, se permitió su conquista. La estipulación que añadió el papa Alejandro VI decía que España y Portugal no podían derrocar a ningún rey cristiano. El tratado era entre España y Portugal, por lo que el acuerdo no tenía en cuenta a otros imperios europeos como el británico y el holandés. Sin embargo, otras superpotencias europeas solo reclamaron tierras en el nuevo mundo mucho más tarde. Teniendo en cuenta que las culturas indígenas como los aztecas, los incas y los taínos no tenían un rey cristiano, sufrieron violentamente durante este período colonial.

33. Los conquistadores y la caída de los imperios: los aztecas y los incas

El Imperio inca se formó con la conquista de tribus vecinas en Perú. En 1533, el imperio abarcaba vastas tierras y era el mayor del mundo. Al igual que sus homólogos europeos, los incas utilizaron la religión para conquistar porque su cosmología afirmaba que tenían un derecho divino a gobernar. Los incas creían que eran un pueblo elegido descendiente de su deidad solar, Inti. Los incas estaban al borde del colapso cuando llegó el explorador y conquistador Francisco Pizarro. Las tribus conquistadas bajo el Imperio inca no podían integrarse, lo que provocaba disturbios civiles, y las enfermedades europeas, a las que los incas no eran inmunes, asolaban a la población.

Pizarro y sus fuerzas españolas pudieron derrotar fácilmente a los incas gracias a la superioridad de las armas europeas, así como a la inclinación local a rebelarse contra sus opresores incas. La colaboración con los guerreros locales permitió a los europeos derrocar al poderoso Imperio inca en una sola generación. Los incas poseían enormes riquezas y habitaban en un Perú repleto de recursos. Por ello, los conquistadores tenían sobradas motivaciones para conquistar la región.

Francisco Pizarro y su compañero Diego de Almagro no habían alcanzado el renombre que anhelaban en su propio país como aventureros y buscadores de tesoros. El descubrimiento de las riquezas sudamericanas les brindó la oportunidad de hacerse un nombre. Habían visto cómo otros conquistadores amasaban fortunas en México, así que se propusieron emular y recrear ese éxito. La inestabilidad política de los incas hizo que España pudiera conquistar la zona en 1514; sin embargo, la transición no fue tranquila, porque los españoles también sufrieron luchas internas que provocaron el asesinato de Pizarro.

Al igual que los incas, los aztecas fueron una nación conquistadora. Esta nación controlaba unos quinientos estados diferentes que debían pagar tributos a sus gobernantes aztecas. Además, practicaban sacrificios humanos, lo que generó resentimiento entre algunos de los grupos sometidos al imperio. Hernán Cortés supo practicar la diplomacia para conseguir el apoyo de las fuerzas rebeldes al mando de varios jefes. Capturaron la capital azteca de Tenochtitlan con la ayuda de combatientes locales. La viruela también desempeñó un papel importante en la devastación de gran parte de la población indígena.

El drama histórico no terminó cuando Cortés tomó la capital. Un grupo de españoles fue enviado a México con órdenes de arrestar a Cortés a su llegada. Cortés derrotó al grupo de arresto con un ataque sorpresa y convenció a muchos de los soldados para que le ayudaran en sus ambiciones de conquistar el Imperio azteca. Sin embargo, el oficial Pedro de Alvarado, a quien Cortés había dejado al mando, había masacrado a muchos de los aztecas mientras sus líderes estaban fuera. Las acciones de De Alvarado provocaron la rebelión de los lugareños. Se ordenó al emperador Moctezuma, aliado azteca de Cortés, que pusiera fin a la rebelión de inmediato, pero había perdido el favor de su pueblo y era incapaz de influir en él con eficacia. El emperador murió intentando detener los disturbios. Finalmente, el Imperio azteca se derrumbó por completo bajo el dominio español debido a la superioridad del armamento europeo y a la muerte causada por las enfermedades extranjeras. Esta es la razón por la que los mexicanos modernos hablan español.

34. La trata de esclavos: un capítulo oscuro de la exploración

La trata transatlántica de esclavos es una de las manchas más oscuras del desarrollo del mundo occidental. Las atrocidades deshumanizadoras cometidas durante la trata de esclavos son casi inimaginables en el mundo moderno, donde las personas están protegidas por consideraciones de derechos humanos. La esclavitud era una práctica común cuando la trata transatlántica de esclavos comenzó a llevar personas de ascendencia africana al Caribe y a las Américas. El comercio de seres humanos se extendió desde el siglo XVI hasta el XIX. Gran parte de las economías de las naciones europeas se apuntalaron con el comercio de personas esclavizadas, por lo que los pueblos africanos fueron parte integral de la historia europea desde sus cimientos.

Mucha gente tiene una imagen irreal de cómo se desarrolló el comercio de esclavos. Los europeos no corrían por África acorralando a la gente para venderla. Los traficantes de esclavos hacían trueques con africanos que capturaban a personas, las esclavizaban y cambiaban con ellos por metales, municiones, abalorios y otros bienes. En 1444, los merodeadores portugueses pretendían entrar en Senegal con sus armas superiores para capturar a la gente esclavizada del país. Sin embargo, los senegaleses eran ávidos navegantes y lograron superar a los europeos en las aguas poco profundas de la costa. Por lo tanto, los negreros portugueses se vieron obligados a comerciar con los africanos en lugar de recurrir a la acción militar. A medida que aumentaba la demanda europea de personas esclavizadas, se empezaron a avivar las guerras entre grupos rivales en África, lo que facilitó la captura de más personas para vender. Se calcula que todo el comercio de esclavos capturó a más de quince millones de africanos. Además, varias generaciones nacieron en cautiverio y fueron comercializadas como mercancías.

El comercio de esclavos estaba justificado por la religión, ya que muchos pastores predicaban sermones sobre cómo los hombres tienen dominio sobre las bestias. En esta percepción del mundo, los africanos esclavizados eran vistos como animales comparables al ganado. Esta deshumanización de los africanos esclavizados se tradujo en un trato terrible, ya que eran golpeados, torturados y a veces luchaban para entretenimiento de sus amos europeos. Las repercusiones negativas de la trata de esclavos se siguen experimentando hoy en día, ya que muchas personas de la diáspora africana ocupan posiciones socioeconómicas más bajas en la sociedad global. Este impacto social es el resultado de la opresión generacional que descarriló el desarrollo de los africanos en el extranjero, mientras que la colonización desestabilizó a los pueblos del continente.

La exploración, la expansión y la colonización son temas complejos de tratar. Gran parte de lo que se disfruta en el mundo desarrollado es resultado de esta conquista. Sin este capítulo de la historia, es posible que Europa y Estados Unidos, tal y como los conocemos hoy, nunca hubieran existido. Por lo tanto, hay que caminar por el filo de la navaja entre los héroes aventureros que son honrados y celebrados y la condena de algunas de sus acciones más oscuras.

Un error frecuente es sopesar las acciones del pasado con las normas morales o éticas actuales. La era de la conquista era una época diferente en la que se entendía el mundo de una forma completamente ajena a la sensibilidad moderna. Por lo tanto, por mucho que se condenen las acciones asesinas, genocidas y opresivas de los viajeros, conquistadores y colonos europeos, también es importante señalar que fue un paso hacia el desarrollo de las percepciones más humanas que se tienen ahora.

La valentía necesaria para aventurarse en un mundo desconocido por mares traicioneros, sufriendo incomodidades indecibles, es admirable. No hay que olvidar a las personas que tuvieron el valor de emprender estos viajes de descubrimiento, pero al mismo tiempo hay que ensalzar a las culturas que sufrieron la opresión europea. Las historias de la expansión de Europa por el mundo son un balance del espíritu aventurero que construyó nuevas formas de vida en todo el mundo mientras oprimía a los pueblos diferentes.

Capítulo 8: Relatos sobre la Ilustración, las reformas y la Revolución

Desde finales del siglo XVII hasta principios del XIX, una serie de levantamientos y revoluciones marcaron la historia de Europa. Este capítulo comprende el periodo transformador conocido como la Ilustración y cómo sus ideas alimentaron las revueltas sociales y políticas. También conocida como la «Edad de la Razón», la Ilustración trajo consigo nuevas filosofías que desafiaban la autoridad tradicional y abrazaban la razón, la libertad y el progreso, dando forma al discurso filosófico, político y científico.

Pensadores de renombre de esta época crearon un cambio masivo en la reforma del pensamiento y la razón, sentando las bases del pensamiento moderno. Imagínese siglos de creencias tradicionales dejadas de lado en tan solo unas décadas. Así fue la Ilustración. En lugar de costumbres ancestrales, se dio paso al individualismo, la exploración, los descubrimientos científicos, la tolerancia y las revoluciones políticas e industriales.

Los pensadores de la Ilustración se inspiraron en las antiguas civilizaciones romana y griega
Snow Minister, CC BY-SA 4.0 https://creativecommons.org/licenses/by-sa/4.0, *vía Wikimedia Commons.* https://commons.wikimedia.org/wiki/File:Enlightenment_.png

Los orígenes de este periodo se remontan a las secuelas de las guerras civiles inglesas. Durante este tiempo, se restauró el poder de la siempre presente monarquía autocrática, empezando por devolver el reinado a Carlos II en 1660. Esto alimentó el descontento entre los pensadores políticos de la época, que empezaron a considerar las muchas maneras en que el país se beneficiaría de estructuras políticas y sociales diferentes. Sus ideas pusieron en marcha movimientos que exigían un cambio político, que finalmente se produjo en 1688/89, cuando Guillermo y María accedieron al trono (conocida como la Revolución gloriosa).

Los pensadores de la Ilustración se inspiraron en las antiguas civilizaciones romana y griega, citando cómo la sociedad moderna se beneficiaría de modelarlas. Era una idea innegablemente diferente de los siglos de tiranía política y disolución de los derechos personales y el bienestar que se experimentaba en toda Europa. John Locke, médico y filósofo inglés, vio la respuesta en la separación del gobierno y la Iglesia. Creía que esto fomentaría la tolerancia religiosa, la lucha por los derechos de las personas y la propiedad (proponiendo una forma temprana de contrato social entre las personas y el Estado).

Locke también afirmaba que la conciencia humana era la puerta de acceso a la verdadera libertad y desechaba la antigua noción (pero muy prevaleciente en la época) de que el conocimiento era una entidad elusiva y secreta y que solo podía obtenerse por vías místicas. Las ideas de Locke reflejaban las creencias de Thomas Hobbes, que también abogaba por los contratos sociales entre el pueblo y el gobierno, considerándolos la clave para la satisfacción de las personas. A pesar de las grandes promesas, estas ideas y la revolución que provocaron se enfrentaron a menudo a las represalias de los antiguos regímenes.

35. Voltaire: Campeón de la Ilustración y el libre pensamiento

Voltaire (llamado François-Marie Arouet) fue una figura fundamental de la Ilustración. Fue un prolífico escritor, filósofo e historiador francés. A lo largo de su polifacética carrera, abogó por la libertad de expresión y de credo. También apoyó la idea de crear una división entre el gobierno y la Iglesia. En la época de la tiranía aristocrática, esto no era fácil. Voltaire tuvo que luchar contra las leyes de censura francesas que prohibían la publicación de cualquier cosa que fuera en contra de las ideas de la Iglesia o de las principales instituciones políticas francesas.

Afortunadamente, Voltaire era muy inteligente, como ilustra la siguiente historia. En una ocasión, devolvió un insulto a un noble y fue detenido a pesar de no haber sido él quien iniciara el conflicto. Consiguió negociar su liberación de la Bastilla y en su lugar se exilió a Inglaterra. Testigo de los beneficios de la monarquía constitucional británica, Voltaire se apasionó aún más por la libertad de expresión y la libertad personal.

Desde Inglaterra, Voltaire continuó criticando al Estado francés y el poder de la Iglesia en él. Escribió varias novelas en las que ridiculizaba al gobierno, la religión, a los teólogos y todo lo que oprimía a los plebeyos. En ellas, Voltaire argumentaba la injusticia de que ellos tuvieran que soportar la carga de los impuestos mientras que la nobleza, los funcionarios y los cargos eclesiásticos estaban exentos. Uno de sus temas recurrentes era el héroe que atravesaba obstáculos inimaginables y los nobles le aseguraban que era por su bien.

Algunos atribuyen su prolífica creatividad a su excesivo consumo de cafeína (¡se dice que podía beber hasta setenta tazas de café al día!) Sea lo que sea que había detrás de sus pensamientos y creencias, Voltaire se convirtió en un verdadero campeón de la libertad en Gran Bretaña y América. Sus principios también fueron ampliamente reconocidos y aceptados en otros países desarrollados. Sin embargo, no todos los países estaban de acuerdo con la libertad de expresión religiosa. Algunos encarcelaban y ejecutaban a quienes hablaban públicamente de estas ideas nuevas, revolucionarias e ilustradas, así como a quienes eran acusados de llevarlas a la práctica. Voltaire sabía que en algunos países el Estado y la religión, unidos, oprimían la libertad de pensamiento independiente. Sin embargo, hasta su muerte animó a oponerse a estos regímenes violentos y opresivos y a no dejar que silenciaran a nadie que estuviera en desacuerdo con su forma de pensar.

36. El contrato social: la idea revolucionaria de Rousseau

Después de que Locke y otros popularizaran la idea de los contratos sociales, las peticiones concurrentes de cambio político en Francia en los albores del siglo XVIII impulsaron el concepto. Diderot, por ejemplo, afirmaba que mediante la expansión de la razón (proporcionada por un contrato en el que el Estado permitía a las personas desarrollar un pensamiento independiente y crítico), el pueblo sería capaz de mantener a raya las pasiones destructivas y conservar su virtud.

Una idea similar fue proclamada por Jean-Jacques Rousseau, quien sostenía que las personas eran racionales de nacimiento. Sin embargo, cuando perdieron su libertad debido a las restricciones sociales, su razón fue suprimida y se volvieron incapaces de pensar racionalmente. Además, según Rousseau la sociedad civilizada hacía infelices a las personas y, para cambiar esta situación, estas debían buscar la cercanía con la naturaleza, lejos de la sociedad opresiva.

Rousseau también afirmaba que la verdadera soberanía política era posible, pero que el pueblo solo podría obtenerla cuando se mantuvieran adecuadamente las leyes y se respetaran los dictámenes. Este pensamiento quedó plasmado en una de las obras más conocidas de Rousseu, *El contrato social,* en la que sostenía que las personas solo podían ser libres si su sociedad les concedía ciertos derechos y garantizaba su bienestar. Para ello era necesario un gobierno democrático, una noción política radical en aquella época. Sin embargo, en tan solo unas décadas, la misma idea influyó en algunos de los movimientos revolucionarios más significativos, incluida la famosa Revolución francesa. Incluso revolucionarios como Robespierre se inspiraron en las obras y la filosofía de Rousseau.

Por la misma razón, fueron culpados por el gobierno francés de actos terribles que nunca cometieron. A pesar de ello, *El contrato social* se convirtió en una de las obras literarias más influyentes de la historia política europea. Incluso hoy, las ideas que disecciona siguen inspirando y subrayando la importancia de ser parte responsable de la sociedad para garantizar la libertad y el bienestar.

37. El asalto a la Bastilla: la chispa de la Revolución francesa

En el verano de 1789, Francia iba camino de una revolución en toda regla. El gobernador de la Bastilla (la fortaleza que servía como la prisión más infame de la época) sabía que los revolucionarios podían atacar el edificio y pidió ayuda. Tenía razones para temer la derrota. Los guardianes de la fortaleza eran meros veteranos incapaces de servir en la batalla. Llegaron algunos soldados más capaces, pero también hubo protestas incontrolables en la ciudad durante varios días. Después, la Bastilla recibió refuerzos de 250 barriles de pólvora, que fueron distribuidos entre los guardias mientras levantaban los puentes levadizos. Desgraciadamente, era demasiado tarde. Cuando se enteraron de que el rey Luis planeaba arrestar a la flamante Asamblea Nacional, que prometía más poder al pueblo, los parisinos se enfurecieron. El 14 de julio de 1789, se armaron con espadas, mosquetes y otras armas improvisadas y comenzaron a reunirse alrededor de la fortaleza.

Los informes hablan de novecientos parisinos reunidos frente a la fortaleza esa mañana, encabezados por tres delegados del Hôtel de Ville (sede del gobierno de la ciudad), que presentaron las demandas de los rebeldes. Como no quería cometer el deshonroso acto de capitular ante el enemigo sin autorización del rey, en un primer momento el gobernador se negó a rendirse. Sin embargo, retiró los cañones de las murallas para demostrar que no tenía intención de infligir daño a nadie. Uno de los delegados lo vio con sus propios ojos y fue a anunciarlo a la turba, pero ya era demasiado tarde. Cuando regresaron a la base de la fortaleza, dos ágiles revolucionarios habían escalado los muros y cortado la cadena del puente levadizo, provocando su caída. A partir de entonces, no hubo forma de desescalar la situación. Unos quedaban atrapados y morían bajo el puente, mientras que otros empezaban a cruzar corriendo hacia el patio. Creían que los guardias les habían dejado entrar. Sin embargo, los guardias no sabían nada, y cuando vieron que la multitud entraba, presas del pánico, empezaron a disparar. Entonces, pensaron que habían caído en una trampa, y los que llevaban armas procedieron a atacar.

Mientras los revolucionarios luchaban contra los guardias de la Bastilla, los miembros rebeldes de la Guardia Francesa y otros soldados desertores se enteraron de lo que ocurría y se unieron a la batalla. Eran un poco desordenados, pero aportaron valiosos refuerzos a la multitud, incluidos cañones que dispararon contra la puerta de la Bastilla. Aunque el gobernador aún consideraba la posibilidad de contraatacar en ese momento, sus hombres le convencieron de que no lo hiciera. Al no ver otra opción que rendirse, el gobernador izó la bandera blanca y dejó caer el otro puente levadizo. Después de todo, no tenía refuerzos. El ejército real huyó de la ciudad, tratando de adelantarse lo más posible para evitar que la turba los alcanzara e instalándose finalmente en Versalles, donde residía el rey.

Tras inundar la Bastilla, los revolucionarios liberaron a los prisioneros, desarmaron a los guardias restantes (varios de ellos murieron o fueron linchados durante el ataque o inmediatamente después) y se apoderaron de las municiones. Los principales oficiales del gobernador fueron asesinados y este fue conducido al Hôtel de Ville, donde se determinaría su futuro castigo. Sin embargo, como no quería que nadie más decidiera su destino, el gobernador provocó a uno de sus captores para que lo atacara y lo matara.

Cuando las noticias del asedio de la Bastilla llegaron al rey Luis XVI en Versalles, este hizo un último intento por detener la revolución. Volvió a poner en funciones a Jacques Necker, el ministro principal al que había destituido por no impedir el levantamiento de la Asamblea Nacional. Sin embargo, la revocación de esta decisión ya no satisfizo a la multitud. Con la caída de la Bastilla, la revolución comenzó oficialmente y ya no había quién la detuviera. Cuatro años más tarde, poco después de la abolición de la monarquía francesa, el rey Luis y su esposa María Antonieta fueron capturados y ejecutados por traición.

Al iniciarse la revolución, se habló de convertir la Bastilla en museo o incluso en base de voluntarios. Sin embargo, con el pasado y el tamaño del edificio, el Comité Permanente de Electores Municipales ya no podía justificar su mantenimiento (antes apenas valía la pena, dado el escaso número de prisioneros que albergaba) y autorizó su demolición. En su lugar se construyó un parque, en homenaje a la primera victoria de los parisinos durante la revolución. Sin embargo, el pueblo no se quedó sin recuerdos tangibles de este acontecimiento (a pesar de desechar la idea del museo). Deseoso de promover la victoria y su significado, uno de los encargados de la demolición se apoderó de algunos de los restos de la Bastilla y los convirtió en souvenirs. Los distintos objetos incautados se vendieron rápidamente. Los abanicos de sus papeles eran los favoritos de las damas, mientras que los caballeros preferían pisapapeles de las rocas que antaño sostenían la fortaleza. Había incluso réplicas en miniatura del edificio para comprar. Personas de otras partes de Francia acudían a París para conseguir una buena oferta en las piedras de la Bastilla. Se las llevaban a casa, inspirados para contribuir ellos mismos a la revolución.

Hoy en día, el contorno de la fortaleza y una pequeña parte de los cimientos siguen siendo un símbolo de cómo la unión de las fuerzas de la gente puso fin a un régimen en decadencia e impulsó la lógica revolucionaria francesa.

38. La Declaración de los Derechos del Hombre y del Ciudadano: un documento revolucionario

Ninguna narración de la Ilustración estaría completa sin mencionar la Declaración de los Derechos del Hombre y del Ciudadano. Publicado el 26 de agosto de 1789 por la Asamblea Nacional Constituyente francesa, con el nombre original de *Déclaration des droits de l'homme et du citoyen*, fue el primer documento en el que se esbozaron claramente los derechos individuales y colectivos de las personas durante la Revolución francesa. Los creadores del documento se inspiraron en piezas constitucionales como la Carta Magna y en las ideas revolucionarias que se extendían por Estados Unidos y que desembocaron en la firma de la Declaración de Independencia. Había diferencias inconfundibles. Por ejemplo, la Declaración de los Derechos del Hombre y del Ciudadano hace hincapié en que los derechos de las personas son universales e inviolables y deben defenderse de forma natural.

Sin embargo, la influencia de la Carta Magna es innegable. La Declaración de los Derechos del Hombre y del Ciudadano también habla de subordinar al monarca a la ley, proclama que nadie debe ser arrestado, encarcelado o acusado sin causas legalmente establecidas y ordena que la tributación sea de consentimiento común. Los autores también trabajaron en el pasado con Thomas Jefferson, que inspiró la Carta Magna y dejó su impronta en la Declaración de los Derechos del Hombre y del Ciudadano. Esto se ve en la cláusula que habla de la libertad innata de las personas y la necesidad de conservarla, asegurando así los mismos derechos para todos.

39. Immanuel Kant: razón e ilustración

Influido por Rousseau y Descartes, el filósofo alemán Immanuel Kant fue otro personaje notable durante la Ilustración. Nacido y criado en Koenigsberg (actual Rusia) en 1781, Kant comenzó a publicar obras que sentaron las bases de la filosofía moderna. A medida que se multiplicaban sus publicaciones, comparaba sus esfuerzos por ilustrar a la gente con los de Copérnico, y con razón. Inspiró a muchos otros filósofos, cuya obra se denominó simplemente postkantiana.

IMMANUEL KANT
From a painting

Kant recibió influencias de Rousseau y Descartes
https://commons.wikimedia.org/wiki/File:Immanuel_Kant_3.jpg

En un movimiento nunca antes visto, Kant encontró la manera de consolidar las ideas racionalistas y empíricas en una forma de pensamiento sólida. Muchos describen su forma como radicalmente renovadora, ya que incorporaba sus aspectos más fuertes al tiempo que mostraba sus insuficiencias. Al principio, fue duramente criticado por poner patas arriba las creencias tradicionales seculares. Sin embargo, a medida que otros grandes pensadores profundizaban en sus razonamientos, cada vez más gente descartaba las preocupaciones convencionales. Pronto, ni siquiera les parecieron dignas de ser tenidas en cuenta durante los debates filosóficos en los que se discutía la naturaleza del conocimiento.

El razonamiento que subyacía a las ideas y métodos reformadores de Kant también resultó chocante en su momento, dado que estaba relacionado con principios metafísicos (Kant vinculaba la filosofía a la ciencia). Los seguidores de las tradiciones antiguas (que las ideas de Kant dejaban de lado) y los pensadores modernistas de la época despreciaban la idea de que el conocimiento de las personas pudiera estar ligado a objetos externos. Aunque algunos jugaban con el concepto de «objetos de conocimiento», la mayoría consideraba inimaginable su existencia. El sentido común decía que el sujeto del conocimiento existía separado de los objetos físicos (pero Kant no estaba de acuerdo). Inspirado por la idea de Copérnico de que la Tierra gira alrededor del Sol y no al revés (como se creía entonces), Kant propuso cambiar la suposición de que el conocimiento de las personas puede trascender la naturaleza de los objetos y considerar que los objetos pueden ajustarse a la forma de adquirir conocimiento de las personas. Para ello era necesario invertir el pensamiento, del mismo modo que los astrónomos tuvieron que invertir su teoría sobre el Sol y la Tierra para resolver las dificultades que encontraban durante sus investigaciones. En otras palabras, al cambiar de perspectiva, la noción de los objetos de conocimiento dejaría de parecer inimaginable.

El recuento anterior de la obra de Kant es solo un fragmento de su esfuerzo por ampliar las filosofías que giran en torno a la razón. Otro ejemplo está en su publicación titulada *«¿Qué es la Ilustración?»*, en la que intentaba responder a viejas preguntas que inquietaban a los pensadores. Hacía tiempo que vivían en ella, pero no lograban definirla. Según Kant, la Ilustración no es más que la manera de liberarse de un estado de desconocimiento y dejarse llevar por los demás y sus conocimientos. Es como un niño que empieza a usar su razón y su entendimiento para aprender lo que necesita para sobrevivir y prosperar a medida que se hace adulto. Es no dejar que otros digan cómo y qué se debe pensar. Es tener el valor de liberarse de la tutela de otros y usar la propia razón. No piense que no puede hacerlo y decídase. No tenga miedo de tomar sus propias decisiones.

Kant sostenía que seguir la propia razón conduce a una facultad compartida por todas las personas de mente capaz de la tierra. Si además se acepta su idea de que la razón es una capacidad innata y no una habilidad aprendida, la conclusión es sencilla. Todo el mundo puede aprender las mismas cosas de la misma manera.

Al exponer esta idea al público en general en el ensayo «*¿Qué es la Ilustración?*», Kant asumió un enorme riesgo. Se jugaba su reputación como filósofo de renombre y no era una noción que todo el mundo estuviera dispuesto a aceptar. Afortunadamente, con esta obra (junto con su otra publicación, «*Crítica de la razón pura*») consiguió mantener e incluso aumentar el número de sus partidarios en toda Europa. Aunque estas obras se publicaron en Berlín, sus postulados fueron compartidos por muchos y se vieron también al otro lado del continente (incluidos algunos de los personajes centrales de la Revolución francesa que pronto llegaría).

Capítulo 9: Napoleón Bonaparte: Relatos de su ascenso y caída

Napoleón Bonaparte, el diminuto dínamo del siglo XIX, era un hombre de baja estatura, pero con grandes ambiciones. Aficionado a conquistar territorios y corazones, este general nacido en Córcega y convertido en emperador remodeló el mapa de Europa y redefinió el arte de la guerra. No se puede conocer la historia de Europa sin conocer a este influyente personaje. Sus astutas estrategias eran tan afiladas como su emblemático sombrero bicornio; y su carisma, como un buen vino francés, dejó una huella imborrable en la historia. Tanto si se le considera un genio militar como un conquistador sediento de poder, una cosa es cierta: Napoleón se negó a ser confinado por los límites de su estatura, dejando una huella indeleble en la escena mundial. Se puede admirar su audacia o cuestionarla, pero no se puede negar que era un hombre que supo hacer que la historia bailara a su son imperial.

Napoleón se negó a ser confinado por los límites de su estatura
https://commons.wikimedia.org/wiki/File:Napoleon_I_of_France_by_Andrea_Appiani.jpg

40. Napoleón: De Córcega a emperador

Napoleón Bonaparte, conocido como Napoleone di Buonaparte, vino al mundo el 15 de agosto de 1769 en la pintoresca ciudad de Ajaccio, en la isla de Córcega. Su familia ocupaba un nicho social único entre la alta burguesía y la nobleza menor. Su ascendencia fue objeto de especulaciones, pero Napoleón rechazó afirmaciones extravagantes y afirmó sus raíces corsas. La herencia corsa de Napoleón, con raíces italianas, se convirtió en blanco de los detractores que pretendían empañar su imagen. El primer biógrafo británico William Burdon atribuyó la supuesta «oscura ferocidad» de su carácter a su ascendencia italiana, comparándolo injustamente con la traición italiana en lugar de abrazar la franqueza y vivacidad francesas. El periodista británico William Cobbett llegó a tacharlo de «advenedizo de baja estofa procedente de la despreciable isla de Córcega». Sin embargo, a pesar de estos prejuicios, las acciones de Napoleón desafiaron los estereotipos.

A los nueve años, el padre de Napoleón consiguió que su familia fuera reconocida como noble, lo que le permitió solicitar becas reales para la educación de sus hijos. El viaje de Napoleón para convertirse en un oficial y caballero francés se puso en marcha cuando recibió una de estas becas, lo que le permitió embarcarse en su educación en Francia. Napoleón destacó en matemáticas, una materia que más tarde consideró crucial para el liderazgo militar. El excepcional intelecto de Napoleón y su aptitud para las matemáticas le llevaron a elegir una carrera en la prestigiosa artillería en lugar de la marina. Sobresalió académicamente, impresionando a sus profesores y recibiendo recomendaciones para continuar su educación en prestigiosas instituciones. Su decisión de alistarse en la artillería le hizo formar parte de una élite y se convirtió en el primer corso en asistir a la École Royale Militaire de París.

Napoleón completó sus estudios en Brienne e ingresó en la École Royale Militaire de París en 1784. El 1 de septiembre de 1785, recibió su comisión de bombarderos en la Compagnie d'Autume dentro de la quinta brigada del primer batallón del Régiment de la Fère, estacionado en Valence, en la orilla izquierda del Ródano. Con solo dieciséis años, era uno de los oficiales más jóvenes y el único corso que tenía una comisión de artillería al mando en el ejército francés. A finales de mayo de 1788, Napoleón estaba destinado en la escuela de Artillería de Auxonne, al este de Francia, no lejos de Dijon.

En abril de 1789, fue enviado a Seurre para ayudar a sofocar un motín, demostrando así su voluntad de mantener el orden y la disciplina. Es entonces cuando comienza realmente su carrera. Sin embargo, la situación política en Francia evolucionaba rápidamente, lo que condujo al estallido de la Revolución francesa el 14 de julio de 1789, con el asalto a la Bastilla. El reinado de Napoleón se caracterizó por sus conquistas militares. Uno de los logros más célebres de Napoleón fue su serie de campañas italianas a finales de la década de 1790. Su brillantez militar se puso de manifiesto cuando derrotó a una serie de ejércitos austriacos e italianos, ampliando el territorio francés y estableciendo nuevas repúblicas en el proceso. Estas campañas pusieron de manifiesto su genio táctico y su capacidad para inspirar a sus tropas. El famoso «tufillo a metralla» de 1795, en el que sofocó a una turba parisina, consolidó aún más su reputación de salvador militar.

En 1799, el panorama político de Francia cambió radicalmente. El Directorio, el gobierno existente, estaba acosado por la corrupción y la inestabilidad. En un golpe de estado conocido como el 18 Brumario, Napoleón derrocó al Directorio e instauró el Consulado, con él mismo como primer cónsul. Esto marcó el inicio de su dominio efectivo sobre Francia. En 1804 se proclamó emperador de Francia, poniendo fin a los ideales igualitarios de la Revolución francesa. Su coronación, en la catedral de Notre Dame de París, fue un gran espectáculo que puso de manifiesto su poder e influencia. Como emperador, llevó a cabo numerosas reformas que modernizaron Francia, entre ellas el Código Napoleónico, que sentó las bases de muchos sistemas jurídicos modernos.

41. El Código Napoleónico: un legado jurídico

El ascenso de Napoleón al poder en Francia a finales del siglo XVIII coincidió con la tumultuosa época de la Revolución francesa. Con el antiguo sistema jurídico en desorden, se necesitaba urgentemente una reforma legal. Napoleón reconoció esta oportunidad para consolidar su poder y establecer un código legal que apuntalara su gobierno. Nombró una comisión de juristas, encabezada por Jean-Jacques Régis de Cambacérès, para redactar un código civil completo.

El Código Napoleónico introdujo varios principios innovadores que siguen dando forma a los sistemas jurídicos modernos:

- **Claridad y sencillez:** El código pretendía ofrecer un conjunto de leyes claras y concisas, eliminando la complejidad y ambigüedad características de los sistemas jurídicos feudales de la época. Priorizaba la simplicidad y la accesibilidad, haciendo la ley comprensible para el ciudadano común.
- **Igualdad ante la ley:** Este código enfatizaba el principio de igualdad, declarando que todos los ciudadanos eran iguales ante la ley. Esto supuso un cambio significativo con respecto a los privilegios y desigualdades que habían caracterizado al antiguo régimen.
- **Derechos de propiedad:** Protegía los derechos de propiedad privada, reforzando la idea de que los individuos tenían derecho a poseer, usar y disponer de sus bienes como considerasen oportuno. Esta disposición influyó en el desarrollo de las economías capitalistas.
- **Libertad contractual:** El Código Napoleónico apoyaba la libertad contractual, permitiendo a los individuos celebrar acuerdos basados en su propia voluntad. Esto sentó las bases del derecho contractual moderno.
- **Derecho de familia:** Este código reformó el derecho de familia permitiendo el divorcio, concediendo a los padres mayor autoridad sobre sus hijos y simplificando las reglas de herencia.

Además del Código Napoleónico, el reinado de Napoleón en Francia estuvo marcado por amplias reformas que transformaron el país de diversas maneras:

- **Reformas educativas:** Napoleón reconoció la importancia de la educación para construir una nación fuerte. Estableció un sistema de educación pública conocido como la Universidad Napoleónica, que impartía educación desde el nivel elemental hasta el universitario. Este sistema pretendía formar burócratas y profesionales cualificados.
- **Reformas administrativas:** Para racionalizar el gobierno, Napoleón centralizó el poder administrativo. Dividió Francia en departamentos, cada uno con un prefecto nombrado por el gobierno central. Esta estructura mejoró la eficacia y el control.
- **Reformas legales:** Más allá del Código Napoleónico, las reformas legales incluyeron la creación del Consejo de Estado, que actuó como órgano asesor legal y ayudó a estandarizar leyes y reglamentos.
- **Reformas financieras:** Napoleón estabilizó las finanzas de Francia introduciendo el franco como moneda nacional y estableciendo el Banco de Francia. Estas medidas contribuyeron a la estabilidad económica.
- **Reformas religiosas:** Napoleón firmó el Concordato con la Iglesia católica en 1801, reconciliando las relaciones entre el Estado y la Iglesia. Aunque se reconocía al catolicismo como religión dominante, se garantizaba la libertad religiosa.

El Código Napoleónico y las amplias reformas instituidas por Napoleón en Francia representan un importante punto de inflexión en la historia jurídica, social y administrativa. Estas reformas modernizaron Francia y tuvieron una influencia duradera en países y sistemas jurídicos de todo el mundo. Los principios de igualdad, claridad y racionalidad del Código Napoleónico siguen dando forma a los sistemas jurídicos modernos, poniendo de relieve el legado perdurable de la era de reformas de Napoleón.

42. Austerlitz: la mayor victoria de Napoleón

El 2 de diciembre de 1805, la batalla de Austerlitz, librada entre el ejército francés, liderado por el emperador Napoleón Bonaparte, y las fuerzas combinadas del Imperio ruso y el Sacro Imperio romano germánico, se desarrolló en las heladas llanuras cercanas a la ciudad de

Austerlitz, en lo que hoy es la República Checa. Esta batalla se considera a menudo el mayor triunfo militar de Napoleón, que puso de manifiesto su brillantez táctica y le valió el título de genio militar.

Para apreciar la importancia de Austerlitz, es esencial comprender el trasfondo estratégico de las guerras napoleónicas. En 1805, la Tercera Coalición, formada por Rusia, Austria y el Reino Unido, se había formado con el objetivo de derrotar al Imperio francés de Napoleón, que se había expandido rápidamente por Europa. Los aliados planeaban rodear y aplastar a la Grande Armée de Napoleón, preparando el escenario para la batalla de Austerlitz.

Napoleón reconoció el peligro que suponía la superioridad numérica de los ejércitos aliados. Inició una retirada estratégica para atraerlos a una posición vulnerable, llevando a los aliados hacia el interior de Francia. Esta maniobra le dio tiempo para consolidar sus fuerzas y elegir el campo de batalla. Napoleón eligió las alturas de Pratzen, cerca de Austerlitz, como campo de batalla. Se dio cuenta de que estas alturas tenían la clave de la victoria. Debilitó deliberadamente su flanco derecho para atraer a los aliados a un enfrentamiento decisivo, haciéndolo parecer vulnerable. Una espesa niebla cubrió el campo de batalla en la mañana de la batalla, oscureciendo la visibilidad. Napoleón reconoció esto como una ventaja y esperó hasta que la niebla se disipó, impidiendo a los aliados evaluar plenamente la disposición de sus fuerzas.

Creyendo que el flanco derecho de Napoleón era débil, los aliados lanzaron un asalto masivo sobre ese sector. Sin embargo, esto jugó a favor de Napoleón, que había concentrado sus fuerzas en el centro y la izquierda. Napoleón ordenó un contraataque devastador mientras los aliados comprometían sus fuerzas al ataque. La infantería francesa, al mando del mariscal Soult, asaltó el debilitado centro aliado, dividiendo sus fuerzas en dos. Mientras tanto, el mariscal Davout mantuvo las alturas de Pratzen con una fuerza más pequeña. Su tenacidad y las condiciones de niebla impidieron que los aliados se dieran cuenta a tiempo de que las alturas no habían sido abandonadas. Una vez que la niebla se disipó, era demasiado tarde y las fuerzas de Napoleón mantuvieron el crucial terreno elevado.

La batalla de Austerlitz terminó con una rotunda victoria de Napoleón. Los aliados sufrieron numerosas bajas y se vieron obligados a retirarse. Este triunfo no solo consolidó la reputación de Napoleón como genio militar, sino que también condujo a la firma del Tratado de

Presburgo, que favoreció enormemente a Francia y desmanteló el Sacro Imperio romano germánico. Austerlitz marcó la cumbre de la carrera militar de Napoleón.

43. La catástrofe rusa de Napoleón: la retirada de Moscú

La retirada de Moscú en 1812 es uno de los episodios más catastróficos e infames de la historia militar. El emperador Napoleón Bonaparte, que una vez había sido el amo de Europa, condujo a su Grande Armée a Rusia con grandes ambiciones de conquista. Sin embargo, a medida que se desarrollaba la campaña rusa, quedó claro que sería una empresa brutal y, en última instancia, desastrosa.

En 1812, el Imperio francés de Napoleón estaba en su apogeo. Con la mayor parte de Europa bajo su control, trató de ampliar su influencia a Rusia. Su ambición era obligar al zar ruso, Alejandro I, a adherirse al Sistema Continental, un bloqueo económico contra el comercio británico. Para ello, Napoleón reunió un ejército colosal, a menudo conocido como la Grande Armée, formado por más de 600.000 soldados de varias naciones europeas bajo su control. En junio de 1812, cruzaron el río Neman y entraron en territorio ruso.

El ejército ruso, al mando del mariscal de campo Mikhail Kutuzov, optó por enfrentarse a Napoleón en la batalla de Borodino en septiembre de 1812. Este brutal conflicto fue uno de los más sangrientos de las guerras napoleónicas, con numerosas bajas. Aunque los franceses salieron victoriosos, sus pérdidas fueron asombrosas. Tras la costosa batalla, las fuerzas de Napoleón entraron en Moscú en septiembre de 1812. Sin embargo, el ejército ruso había empleado una estrategia de tierra quemada, dejando la ciudad abandonada y en llamas. Napoleón no tuvo más remedio que ocupar una Moscú en ruinas y despoblada. A medida que el invierno se abatía sobre Rusia, la situación para los franceses se volvía calamitosa. El duro invierno ruso, unido a la disminución de los suministros y a las enormes distancias que tenían que recorrer, cobró un alto precio en el ejército de Napoleón.

Al darse cuenta de que permanecer en Moscú era insostenible, Napoleón ordenó la retirada a finales de octubre de 1812. Esta retirada resultó ser una pesadilla. La Grande Armée se enfrentó a dificultades extremas durante la retirada. El hambre, la congelación y el acoso constante de las fuerzas rusas mermaron aún más sus efectivos. Miles de personas perecieron de agotamiento y hambre. Uno de los momentos más desesperados se produjo en el río Bérézina en noviembre de 1812. Los franceses tuvieron que cruzar el río helado bajo los incesantes ataques rusos. Muchos se ahogaron o murieron durante la travesía.

Para cuando Napoleón y su destrozado ejército cruzaron de nuevo a territorio amigo, solo quedaba una fracción de la otrora poderosa Grande Armée. Las estimaciones de bajas varían, pero se cree que solo sobrevivió alrededor del 10 % de la fuerza invasora. La retirada de Moscú marcó un punto de inflexión en la fortuna de Napoleón. Las catastróficas pérdidas debilitaron gravemente su dominio sobre Europa y marcaron el comienzo de su caída final. El desastre de Rusia galvanizó a las demás potencias europeas contra Napoleón. Se formó una Sexta Coalición, y una serie de campañas conocidas como la guerra de la Sexta Coalición condujeron finalmente a la derrota y el exilio de Napoleón.

44. Waterloo: el fin de una era

La batalla de Waterloo, librada el 18 de junio de 1815 cerca de la ciudad de Waterloo, en la actual Bélgica, constituye un momento crucial de la historia. Marcó la culminación de una serie de conflictos conocidos como las guerras napoleónicas y, lo que es más importante, el final de una era dominada por una de las figuras más emblemáticas de la historia, el emperador Napoleón Bonaparte. Esta épica batalla enfrentó a las fuerzas francesas de Napoleón con los ejércitos combinados de la Séptima Coalición, liderados por el duque de Wellington y el mariscal de campo prusiano Gebhard Leberecht von Blücher.

La derrota de Napoleón en Rusia alentó la formación de la Sexta Coalición, integrada por Gran Bretaña, Rusia, Prusia y Austria. La coalición lanzó una exitosa campaña en 1814 que culminó con la toma de París. Ante la presión de sus mariscales y la falta de apoyo, Napoleón abdicó el 6 de abril de 1814. Fue exiliado a la isla de Elba y Luis XVIII fue restaurado en el trono francés. El exilio de Napoleón duró poco. El 26 de febrero de 1815 escapó de Elba y regresó a Francia. Este acontecimiento marcó el inicio de los cien días, cuando recuperó el poder y se declaró de nuevo emperador.

Napoleón se apresuró a formar un nuevo ejército y lanzar un ataque preventivo contra las fuerzas de la coalición reunidas en Bélgica. Su estrategia consistía en dividir y derrotar a los ejércitos aliados antes de que pudieran unirse. El 16 de junio de 1815, Napoleón se enfrentó al ejército prusiano al mando de Blücher en la batalla de Ligny. Los franceses salieron victoriosos, pero los prusianos lograron una retirada organizada, preparando el terreno para un desarrollo crítico. Simultáneamente, se produjo un enfrentamiento menor en Quatre Bras, donde los franceses trataron de impedir que los británicos al mando de Wellington se unieran a los prusianos. Terminó sin resultados concluyentes.

El 18 de junio de 1815 se produjo el enfrentamiento principal en Waterloo. Wellington había elegido una posición defensiva anclada en la granja de Hougoumont y en la cresta de Mont St. Jean. Sus fuerzas se situaron en el terreno elevado. Napoleón lanzó una serie de ataques contra las líneas británicas a lo largo del día, incluido un asalto masivo a Hougoumont. Los británicos, apoyados por la llegada de refuerzos prusianos al mando de Blücher, resistieron a pesar de las numerosas bajas. A última hora de la tarde, las fuerzas prusianas llegaron en masa, amenazando el flanco derecho de Napoleón. Esto obligó a Napoleón a un último y desesperado ataque contra el centro de Wellington. El ataque al centro de Wellington fracasó y el ejército francés empezó a desintegrarse. Al darse cuenta de que la batalla estaba perdida, Napoleón ordenó la retirada.

La derrota de Napoleón en Waterloo marcó el fin de su reinado y de sus ambiciones. Fue exiliado a la remota isla de Santa Elena, en el Atlántico Sur, donde pasó el resto de su vida. La derrota de Napoleón en Waterloo condujo al Congreso de Viena, en el que las potencias europeas trataron de redibujar el mapa de Europa y restablecer el orden tras la agitación de las guerras napoleónicas. Luis XVIII fue restaurado en el trono francés, marcando el regreso de la monarquía borbónica.

45. La influencia de Napoleón en la Europa moderna

Napoleón Bonaparte, una de las figuras más emblemáticas de la historia, dejó una huella imborrable en Europa que sigue configurando el panorama político, social y cultural del continente hasta nuestros días. En primer lugar, es crucial reconocer el innegable impacto de las conquistas militares y las reformas de Napoleón en la Europa moderna. Sus ambiciosas campañas, que extendieron el control francés a vastas extensiones del continente, no solo redefinieron las fronteras nacionales, sino que también introdujeron una serie de reformas que modernizaron las sociedades europeas. El Código Napoleónico, por ejemplo, sigue siendo la piedra angular de los ordenamientos jurídicos de varios países europeos y hace hincapié en los principios de igualdad ante la ley, derechos de propiedad y laicismo. Estos principios siguen sustentando los sistemas jurídicos modernos de toda Europa.

Además, las innovaciones militares de Napoleón, incluido el concepto de ejército ciudadano, han tenido un impacto duradero en la estrategia y las tácticas militares modernas. La idea de un ejército nacional conscripto se convirtió en un modelo estándar en Europa y fuera de ella, remodelando la naturaleza de la guerra y la relación entre los Estados y sus ciudadanos. Sin embargo, las opiniones sobre la influencia de Napoleón en la Europa moderna no son únicamente positivas. Los críticos sostienen que sus ambiciones militaristas y sus políticas expansionistas provocaron un sufrimiento generalizado y la pérdida de vidas humanas en todo el continente. Las guerras napoleónicas, que duraron más de una década, devastaron innumerables regiones y dejaron un legado de conflictos e inestabilidad. Los escépticos sostienen que el afán de poder de Napoleón alteró el delicado equilibrio de poder en Europa y sembró las semillas de futuros conflictos, incluidas las dos Guerras Mundiales.

Además, el impacto de Napoleón en las identidades nacionales europeas es objeto de debate. Aunque contribuyó a la propagación del sentimiento nacionalista en algunas regiones al redibujar las fronteras y crear nuevas entidades políticas, también impuso las normas e instituciones culturales francesas en los territorios conquistados. Esto ha llevado a algunos a argumentar que su legado es tanto de construcción nacional como de imperialismo cultural, con consecuencias contradictorias para las identidades europeas modernas.

En cuanto a la gobernanza, el gobierno autocrático de Napoleón y el establecimiento de estados dependientes han suscitado dudas sobre el equilibrio entre la autoridad centralizada y la autonomía local. Sus reformas administrativas han sido elogiadas por racionalizar las funciones gubernamentales y modernizar las instituciones, pero también han sido criticadas por concentrar el poder en manos del Estado.

Capítulo 10: Relatos de Adolf Hitler

Adolf Hitler, un nombre que aún produce escalofríos en la historia, es sin duda una de las figuras más polarizadas y trascendentales del siglo XX. A menudo considerado como la persona que alteró el curso de la historia mundial de una forma que nadie podría haber previsto, el impacto de Hitler es a la vez un escalofriante recordatorio de las profundidades más oscuras a las que puede llegar la humanidad y un cuento con moraleja para las generaciones venideras. No se puede estudiar la historia europea sin toparse con Hitler; tal vez haya oído el eco de «¡Heil Hitler!» a través de los anales del tiempo, o quizá la palabra «*führer*» se haya cruzado en su camino. El ascenso al poder de Hitler, marcado por su carisma magnético y su despiadada eficacia en las maniobras políticas, desembocó en un catastrófico choque de ideologías que provocó un sufrimiento inimaginable y un conflicto mundial.

Adolf Hitler, un nombre que aún produce escalofríos en la historia
Sashi Suseshi, CC BY-SA 4.0 https://creativecommons.org/licenses/by-sa/4.0, vía Wikimedia Commons. https://commons.wikimedia.org/wiki/File:Adolf_Hitler_in_Color.jpg

46. La formación de un dictador: los primeros años de Hitler

Adolf Hitler nació el 20 de abril de 1889 en Braunau am Inn, Austria-Hungría, hijo de Alois Hitler y Klara Pölzl. Su infancia estuvo marcada tanto por alegrías como por dificultades. Alois Hitler era un padre severo y en ocasiones abusivo, mientras que Klara era una madre dulce y cariñosa. El joven Adolf mostraba talento para el dibujo, pero tenía dificultades académicas. Su familia se mudó con frecuencia durante su infancia y él asistió a varias escuelas en Austria y Alemania. Esta constante agitación le dificultó la formación de amistades duraderas.

Desde pequeño, Hitler mostró talento para el dibujo y soñaba con ser artista. Su primer contacto con el arte vino de su madre, Klara, que apoyaba sus inquietudes artísticas y fomentaba su creatividad. El joven Adolf solía dibujar paisajes, edificios y retratos, a menudo centrados en escenas arquitectónicas. En 1907, a la edad de 18 años, Hitler se trasladó a Viena con la esperanza de asistir a la Academia de Bellas Artes de esa ciudad, una prestigiosa institución para aspirantes a artistas. Sin embargo, sus sueños de ser admitido se vieron truncados al reprobar el examen de ingreso. Este rechazo supuso un duro golpe para su autoestima y sus aspiraciones como artista.

La vida en Viena durante este periodo fue un reto para Hitler. Vivía en la pobreza, se ganaba la vida a duras penas vendiendo postales de sus obras y viviendo en albergues para indigentes. Frecuentaba museos y galerías de arte, donde desarrolló una profunda admiración por el arte clásico alemán y austriaco. Fue durante su estancia en Viena cuando Hitler empezó a desarrollar fuertes opiniones nacionalistas y antisemitas. Se vio profundamente influido por la retórica antisemita predominante en la época, que se convertiría más tarde en una parte central de su ideología política.

Aunque Hitler continuó produciendo arte a lo largo de su vida, sus obras tuvieron un éxito limitado. Su estilo artístico se centraba principalmente en paisajes, escenas arquitectónicas y retratos. Sus cuadros carecían de las cualidades innovadoras y experimentales que estaban ganando popularidad en el mundo del arte a principios del siglo XX. La incapacidad de Hitler para obtener reconocimiento como artista, combinada con su creciente desilusión con la vida en Viena, alimentó su resentimiento y amargura. Empezó a verse a sí mismo como un genio incomprendido cuyo talento había sido injustamente ignorado.

Cuando estalló la Primera Guerra Mundial, en 1914, Hitler vio la oportunidad de dejar atrás su insatisfactoria carrera artística y alistarse como soldado. Su servicio en la guerra fue un punto de inflexión en su vida, que lo llevó por el camino de la radicalización política y, en última instancia, al ascenso del Partido Nazi. En retrospectiva, el fracaso de Hitler para establecerse como artista fue un factor crucial en su transformación en dictador. Sus luchas artísticas, combinadas con su desilusión con Viena y sus experiencias como soldado en la Primera Guerra Mundial, sentaron las bases de sus ambiciones políticas posteriores. El rechazo al que se enfrentó como artista le dejó un deseo profundamente arraigado de reconocimiento y poder, que finalmente trató de satisfacer a través de su carrera política.

Las experiencias de Hitler como soldado durante la Primera Guerra Mundial tuvieron un profundo impacto en su visión del mundo. Sirvió como soldado de primera línea en las trincheras del Frente Occidental y participó en varias batallas importantes. Uno de los acontecimientos más notables ocurrió durante la batalla del Somme (1916), cuando fue herido dos veces. Primero, por la explosión de un obús y más tarde sufrió los efectos del gas mostaza, que lo dejó temporalmente ciego. Durante su estancia en el ejército, Hitler recibió la Cruz de Hierro de Segunda Clase por su valor y dedicación. A pesar de sus heridas, seguía comprometido con la causa alemana y veía la guerra como una lucha noble.

Sin embargo, fue el resultado de la Primera Guerra Mundial lo que marcó profundamente a Hitler. La noticia de la derrota de Alemania y la firma del armisticio en 1918 lo devastaron. Él, como muchos otros, creía que Alemania había sido traicionada por los políticos y culpó a los judíos, a los comunistas y a los enemigos internos de la caída de la nación.

47. El *Putsch* de la cervecería: un intento de revolución

Cuando la Primera Guerra Mundial llegaba a su fin, Adolf Hitler se enfrentaba a un futuro incierto. Sus sueños de convertirse en artista hacía tiempo que se habían marchitado ante sus experiencias como soldado y las duras realidades de la Alemania de posguerra. El trauma de la guerra y su profundo resentimiento hacia la República de Weimar alimentaron una creciente ambición en su interior. La Alemania derrotada y desmoralizada de principios de los años veinte ofrecía un terreno fértil para el arraigo de ideologías extremistas. Tras probar el embriagador encanto del liderazgo durante su servicio militar, Hitler empezó a verse a sí mismo como un salvador de Alemania, un hombre con la misión de devolver a la nación su antigua gloria.

Cuando regresó a la vida civil, centró su atención en la política. La noche del 8 de noviembre de 1923, Múnich quedó envuelta en la oscuridad cuando Adolf Hitler y su banda de fervientes seguidores se reunieron en la cervecería Bürgerbräukeller. Poco sabía la ciudad que aquella noche aparentemente ordinaria sería testigo de un audaz intento de golpe de estado, conocido como el *Putsch* de la cervecería, que marcaría el curso de la historia. Aquella noche, Hitler y unos 2.000 de sus leales partidarios organizaron un mitin en la cervecería Bürgerbräukeller para protestar contra el gobierno de Weimar y sus fallos, en particular su gestión de la crisis del Ruhr y los problemas económicos a los que se enfrentaba el pueblo alemán.

El ambiente se fue cargando de fervor revolucionario a medida que Hitler pronunciaba un encendido discurso. Proclamó el derrocamiento inminente de la República de Weimar y el establecimiento de un «gobierno nacional». Se le unieron figuras prominentes del Partido Nazi, como Ernst Röhm y Rudolf Hess, que desempeñaron un papel importante en los acontecimientos que siguieron. Inspirado por el apasionado discurso de Hitler, el grupo paramilitar nazi, las SA (Sturmabteilung), partió la noche del 8 de noviembre para tomar edificios clave del gobierno en Múnich. Su objetivo era obligar al gobierno bávaro a unirse a su causa y marchar hacia Berlín para derrocar al gobierno de Weimar.

Sin embargo, el *Putsch* fue una operación planeada a toda prisa. Mientras los miembros de las SA marchaban por las calles de Múnich, se encontraron con un bloqueo policial en el Feldherrnhalle, un monumento a los héroes militares bávaros. Se produjo un breve pero intenso tiroteo. La policía arrolló rápidamente a las tropas de las SA, desorganizadas y mal equipadas. En medio del caos, Hitler fue herido por una bala perdida que le dislocó el hombro. Posteriormente fue arrestado y puesto bajo custodia. El *Putsch* de la cervecería fracasó estrepitosamente: dieciséis nazis y cuatro policías murieron en la refriega y muchos otros, entre ellos Hitler, resultaron heridos. El gobierno de Weimar mantuvo el control y el Partido Nazi fue prohibido.

Adolf Hitler y sus cómplices fueron juzgados por traición en febrero de 1924. El juicio proporcionó a Hitler una plataforma de alto nivel para exponer sus opiniones nacionalistas y antisemitas, convirtiendo la sala del tribunal en un escenario de propaganda. Durante el juicio, Hitler no expresó remordimiento alguno por sus actos, sino que defendió sus motivaciones, presentándose como un patriota. El comprensivo juez dictó una sentencia relativamente indulgente de cinco años de prisión, de los cuales Hitler solo cumplió nueve meses. Durante su encarcelamiento en la prisión de Landsberg, Hitler escribió su infame autobiografía y manifiesto político, «*Mein Kampf*» (*Mi lucha*).

Aunque el *Putsch* de la cervecería pareció inicialmente un fracaso, tuvo varias consecuencias profundas. En primer lugar, catapultó a Hitler y al Partido Nazi al centro de la atención nacional, permitiéndoles llegar a un público más amplio con su ideología extremista. En segundo lugar, el juicio y el encarcelamiento de Hitler le permitieron consolidar sus ideas, refinar su propaganda y afianzar su liderazgo dentro del Partido Nazi. Salió de la cárcel con una renovada determinación de alcanzar el poder por medios legales.

48. Ascenso de Hitler al poder: explotar la desesperación de una nación

El ascenso de Adolf Hitler al poder en Alemania fue un testimonio de su capacidad para explotar los agravios y temores de una nación que se tambaleaba tras las secuelas de la Primera Guerra Mundial y las dificultades económicas de la República de Weimar. Tras su salida de prisión después del fallido *Putsch* de la cervecería en 1923, Hitler emprendió un camino calculado y estratégico que lo llevó a la cancillería de Alemania en 1933. Cuando Hitler salió de la cárcel en diciembre de 1924, Alemania se enfrentaba a numerosos problemas que tenían a los ciudadanos descontentos y sin ilusión. El Tratado de Versalles impuso fuertes reparaciones y pérdidas territoriales, lo que condujo a la agitación económica, la hiperinflación y el desempleo generalizado. La República de Weimar, plagada de inestabilidad política y gobiernos de coalición, se esforzó por afrontar estos retos con eficacia.

Tras el fracaso del *Putsch* de la cervecería, Hitler se dio cuenta de que un golpe violento no era el camino más viable para alcanzar el poder. Decidió alcanzar sus objetivos legalmente mediante elecciones y maniobras políticas. El don de Hitler para los discursos carismáticos y apasionados se convirtió en un arma potente. Aprovechaba las frustraciones y temores del pueblo alemán, prometiendo una salida al sufrimiento. Hitler reconoció el poder de la propaganda para moldear la opinión pública. Creó el periódico del Partido Nazi, «*Völkischer Beobachter*», y contrató a Joseph Goebbels para dirigir la difusión de la propaganda nazi. Tras el *Putsch*, el Partido Nazi fue prohibido. Hitler trabajó para reconstruirlo, atrayendo a nuevos simpatizantes y ampliando su base. Las SA, o Camisas Marrones, sirvieron como fuerzas paramilitares que intimidaban a los oponentes políticos.

A finales de la década de 1920 y principios de la de 1930, el Partido Nazi fue ganando cada vez más apoyo gracias a una combinación de factores. Hitler y los nazis adaptaron su mensaje para atraer a un amplio abanico de votantes, desde nacionalistas y veteranos descontentos hasta personas económicamente desfavorecidas. El frecuente colapso de los gobiernos de coalición, unido a la incapacidad de abordar los problemas económicos con eficacia, desilusionó a muchos alemanes de la democracia. En las elecciones al Reichstag de julio de 1930, el Partido Nazi se convirtió en el segundo partido político de Alemania, con un 18,3 % de los votos. Este éxito electoral dio a Hitler una posición destacada en el panorama político.

En enero de 1933, tras una serie de acuerdos y maniobras políticas, el presidente Paul Von Hindenburg nombró a Hitler canciller de Alemania. La decisión se debió a la creencia de los políticos conservadores de que podían controlar a Hitler y de que este traería estabilidad. El nombramiento de Hitler marcó el principio del fin de la República de Weimar y la erosión de la democracia alemana. Se apresuró a consolidar el poder y utilizó el incendio del Reichstag en febrero de 1933 como pretexto para aprobar el Decreto de incendio del Reichstag, que suspendía las libertades civiles y permitía la detención de opositores políticos.

El régimen de Hitler se caracterizó por su control totalitario de todos los aspectos de la vida alemana. Los nazis reprimieron a las disidencias a través de la brutal policía secreta, la Gestapo, y silenciaron la oposición mediante la censura y la propaganda. Adoctrinaron a los jóvenes a través de la organización Juventudes Hitlerianas y redefinieron la educación para alinearla con la ideología nazi. Las Leyes de Núremberg de 1935 despojaron a los judíos de sus derechos, segregándolos del resto de la sociedad.

Uno de los aspectos más horripilantes del gobierno de Hitler fue el Holocausto, un genocidio sistemático contra los judíos y otros grupos minoritarios. Los nazis crearon campos de exterminio como Auschwitz, Sobibor y Treblinka, donde millones de personas fueron asesinadas sistemáticamente. El Holocausto se saldó con la muerte de seis millones de judíos y millones de personas más, incluidos romaníes, discapacitados y disidentes políticos. El antisemitismo fanático de Hitler alimentó esta atrocidad sin parangón. El Holocausto sigue siendo un testimonio sobrecogedor de las profundidades de la crueldad humana. Familias enteras fueron aniquiladas y comunidades destruidas. Los supervivientes sufrieron secuelas de por vida y el trauma del Holocausto sigue resonando de generación en generación.

Las ambiciones expansionistas de Hitler condujeron al estallido de la Segunda Guerra Mundial en 1939, cuando Alemania invadió Polonia.

La guerra se intensificó, envolvió Europa y se extendió a otros continentes. Las campañas militares de Hitler, incluidas las tácticas *blitzkrieg*, la invasión de Francia y el Frente Oriental, causaron millones de muertos y una devastación generalizada. El impacto de la Segunda Guerra Mundial fue catastrófico. Las ciudades quedaron reducidas a escombros, las economías se hicieron añicos y se perdieron millones de vidas. Las consecuencias de la guerra se extendieron mucho más allá de Europa, afectando a naciones de todo el mundo.

49. Operación Barbarroja: el momento decisivo

La operación Barbarroja, lanzada por la Alemania nazi el 22 de junio de 1941, marcó un momento crucial en la Segunda Guerra Mundial. Esta campaña militar masiva, impulsada por las ambiciones de Adolf Hitler, vio cómo Alemania invadía la Unión Soviética con el objetivo de asegurar el *lebensraum* (espacio vital) y paralizar al estado soviético. Aunque inicialmente tuvo éxito, la operación fue un punto de inflexión en la guerra debido a varios factores clave. La operación Barbarroja fue una de las mayores campañas militares de la historia. En ella participaron tres millones de soldados alemanes, apoyados por cientos de miles de vehículos y más de 3.000 aviones. La magnitud y ambición de la invasión demostraron la determinación de Hitler de lograr una rápida victoria sobre la Unión Soviética.

En los primeros meses de la campaña, las fuerzas alemanas lograron avances significativos en territorio soviético. Capturaron vastas franjas de terreno, infligieron grandes bajas al Ejército Rojo y rodearon y capturaron a cientos de miles de soldados soviéticos. Ciudades clave como Kiev y Smolensk cayeron en manos de los alemanes y la Unión Soviética parecía al borde del colapso. Sin embargo, la operación Barbarroja se enfrentó a graves problemas logísticos. Las vastas distancias de la Unión Soviética estiraron las líneas de suministro alemanas, haciendo cada vez más difícil sostener el rápido avance. Las duras condiciones meteorológicas, especialmente el brutal invierno ruso, agravaron los problemas logísticos. Los soldados alemanes carecían de ropa y equipo de invierno adecuados, lo que provocaba congelaciones y baja moral.

A medida que el avance alemán se ralentizaba debido a las dificultades logísticas y a la tenaz resistencia soviética, se hizo evidente que el Ejército Rojo estaba lejos de ser derrotado. Los soviéticos hicieron gala de una notable resistencia y capacidad de adaptación.

Adoptaron una estrategia de tierra quemada, privando a los alemanes de valiosos recursos a medida que se retiraban hacia el este. La inmensidad de la Unión Soviética permitió una profundidad estratégica y los soviéticos se reagrupaban constantemente para lanzar contraofensivas.

La batalla de Stalingrado, librada entre el 23 de agosto de 1942 y el 2 de febrero de 1943, marcó un punto de inflexión crítico en la operación Barbarroja. La ciudad de Stalingrado se convirtió en un símbolo de la resistencia soviética y ambos bandos sufrieron inmensas bajas en el brutal combate calle por calle. Los soviéticos lograron cercar al Sexto Ejército alemán, lo que condujo a su rendición en febrero de 1943. La pérdida del Sexto Ejército, junto con su equipo y personal, fue un golpe devastador para el esfuerzo bélico alemán.

En 1943, la operación Barbarroja se había estancado. Los alemanes se enfrentaban a una prolongada guerra de desgaste en el Frente Oriental, en la que ninguno de los bandos era capaz de obtener una ventaja decisiva. Además, la creciente fuerza de la Unión Soviética, ayudada por los suministros de los aliados occidentales, inclinó aún más la balanza a favor de los soviéticos.

La operación Barbarroja, percibida inicialmente como una campaña de rápida victoria, se había convertido en un atolladero para los alemanes. A finales de 1943 y principios de 1944, los soviéticos habían recuperado gran parte del territorio perdido y avanzaban hacia Europa Oriental. Las exitosas ofensivas soviéticas, incluidas las batallas de Kursk y Bagration, habían cambiado decisivamente el rumbo de la guerra. La operación Barbarroja no había logrado sus objetivos. Por el contrario, desencadenó un prolongado y costoso conflicto con la Unión Soviética y marcó el inicio de una larga retirada del ejército alemán, que culminó con la toma de Berlín por las fuerzas soviéticas en abril de 1945.

50. El fin del *führer*: la caída de Hitler y la muerte del nazismo

Mientras los aliados se acercaban a Alemania tanto por el este como por el oeste, la situación en el frente oriental era especialmente grave. El Ejército Rojo soviético, que había adquirido una fuerza y un impulso inmensos, avanzaba rápidamente. A principios de 1945 había entrado en territorio alemán, capturando ciudades clave como Varsovia y llegando hasta el río Oder, a pocos kilómetros de Berlín. En enero de 1945, Hitler se retiró a su búnker subterráneo en Berlín, conocido como el

Führerbunker. Este complejo reforzado, situado bajo la Cancillería del *Reich*, se convirtió en el epicentro del poder nazi en los últimos meses de la guerra. Fue aquí donde Hitler y sus colaboradores más cercanos, entre ellos Eva Braun y Joseph Goebbels, hicieron su última parada.

El estado mental de Hitler se había deteriorado considerablemente. Se aferraba a esperanzas delirantes de un cambio milagroso y seguía dando órdenes irracionales a ejércitos inexistentes. Rechazó cualquier idea de rendición y juró luchar hasta la muerte. Cuando el Ejército Rojo soviético cercó Berlín en abril de 1945, la ciudad sufrió una batalla feroz y devastadora. La lucha se caracterizó por el combate calle a calle, los intensos bombardeos de artillería y la destrucción generalizada. La población civil sufrió enormemente y las infraestructuras de la ciudad se desmoronaron.

En medio de este caos, Hitler se casó con Eva Braun el 29 de abril de 1945 en el *Führerbunker*. Al día siguiente, ambos se suicidaron. Hitler se quitó la vida tragando una cápsula de cianuro y disparándose en la cabeza, mientras que Eva Braun también ingirió veneno. Sus cuerpos fueron descubiertos más tarde en el búnker. Con Berlín bajo control soviético y sus líderes muertos, los restos del régimen nazi no tuvieron más remedio que rendirse. El 7 de mayo de 1945, el general Alfred Jodl firmó la rendición incondicional de todas las fuerzas alemanas en Reims, Francia, que entró en vigor el 8 de mayo de 1945, marcando oficialmente el final de la Segunda Guerra Mundial en Europa.

La muerte de Adolf Hitler y la rendición de la Alemania nazi pusieron fin a uno de los capítulos más oscuros de la historia. Los horrores del Holocausto, la devastación causada por la guerra y la magnitud del sufrimiento humano salieron a la luz cuando las fuerzas aliadas liberaron los campos de concentración y ocuparon el territorio alemán. Tras la guerra, los líderes de la Alemania nazi, incluidos los que habían sobrevivido y habían sido capturados, fueron llevados ante la justicia en los Juicios de Núremberg. En estos juicios, celebrados entre el 20 de noviembre de 1945 y el 1 de octubre de 1946, se procesó a los responsables de crímenes de guerra, crímenes contra la humanidad y otras atrocidades cometidas durante la guerra.

Conclusión

Al pasar la última página de este libro, tómese un momento para apreciar la importancia de los relatos sobre los que ha leído y su impacto duradero en la actualidad. Esta exploración le recordará la diversidad histórica que ha dado forma al continente europeo y que sigue influyendo allí y en el resto del mundo. Ha aprendido todo sobre las épocas del pasado de Europa, desde las asombrosas civilizaciones de Grecia y Roma, con sus monumentales contribuciones a la filosofía, el arte y el gobierno, hasta las tumultuosas olas de la Edad Media, donde caballeros, reyes y campesinos desempeñaron su papel en la forja del destino del continente. No puede sino maravillarse ante la explosión de creatividad del Renacimiento y ser testigo de las profundas transformaciones que trajo consigo la Ilustración, una época que defendía la razón, la libertad y la igualdad.

A lo largo de estas historias, también se ha encontrado con individuos cuyas acciones e ideas han reverberado a través de los tiempos. Desde los pensamientos revolucionarios de Voltaire y Rousseau hasta el coraje de las rebeliones por los derechos humanos, estos individuos han dejado una huella imborrable en el curso de la historia europea. Sin embargo, este aprendizaje no debe ser únicamente una exploración del pasado, sino que debe servir de puente para comprender el presente y el futuro. La historia de Europa es un testimonio vivo de las consecuencias perdurables de las acciones pasadas. Los ecos de la construcción de imperios, las lecciones aprendidas de guerras devastadoras y las luchas por la democracia y los derechos humanos siguen dando forma a las sociedades e instituciones del continente.

En la Europa de hoy puede verse el producto de siglos de interacciones, conflictos y colaboraciones. La Unión Europea, entidad nacida de las cenizas de la Segunda Guerra Mundial, simboliza el compromiso de Europa con la unidad y la cooperación, impulsada por el imperativo de evitar otro conflicto catastrófico. Es esencial comprender estas historias en su contexto contemporáneo. La historia de Europa no es una reliquia lejana, sino una fuerza siempre presente que configura las sociedades, la política y la memoria colectiva actual. En este mundo cada vez más interconectado, donde las acciones en una parte del globo pueden tener consecuencias de largo alcance, las lecciones de la historia son más vitales que nunca.

La historia europea no es solo una colección de relatos; es un legado vivo que sigue dando forma al mundo de hoy. Estos relatos deberían inspirar para aprender del pasado, fomentar la empatía y la comprensión y trabajar por un futuro que valore la diversidad, defienda la paz y los ideales de justicia y progreso.

Mira otro libro de la serie

Referencias

(s.f.). Wordpress.Com. https://mrcaseyhistory.files.wordpress.com/2019/02/vikings-raiders-or-traders.pdf

(s.f.). Uchicago.edu. https://penelope.uchicago.edu/~grout/encyclopaedia_romana/miscellanea/cleopatra/egypt.html#:~:text=Julius%20Caesar%20defeated%20Ptolemy%20XII,XIII%20on%20the%20Egyptian%20throne.

(N.d.-b). Historyofinformation.com. https://www.historyofinformation.com/detail.php?entryid=3337

1769-1793: Los primeros años de Napoleón Bonaparte. (s.f.). Napoleon.org. https://www.napoleon.org/en/history-of-the-two-empires/timelines/1769-1793-napoleon-bonapartes-early-years/

Adolf Hitler: Ascenso al poder, impacto y muerte. (2009, 29 de octubre). HISTORY. https://www.history.com/topics/world-war-ii/adolf-hitler-1

Anastasi, L. (2023, 23 de abril). El sitio de París: Ciudad bajo el fuego. Historia Medieval - Yesterday in a Nutshell. https://historymedieval.com/the-siege-of-paris-city-under-fire/

La democracia de la antigua Grecia. (2018, 23 de agosto). HISTORIA. https://www.history.com/topics/ancient-greece/ancient-greece-democracy

Golpe de estado en una cervecería. (2009, 9 de noviembre). HISTORIA. https://www.history.com/topics/european-history/beer-hall-putsch

Bertocchi, G. (2016). Los legados de la esclavitud dentro y fuera de África. IZA Journal of Migration, 5(1). https://doi.org/10.1186/s40176-016-0072-0

Cuidado con los idus de marzo: El asesinato de Julio César en el arte. (sin fecha). Artuk.org. https://artuk.org/discover/stories/beware-the-ides-of-march-julius-caesars-assassination-in-art

El nacimiento de los vikingos. (s.f.). Sky HISTORY TV Channel. https://www.history.co.uk/shows/vikings/articles/birth-of-the-vikings

Peste Negra - Peste bubónica, Europa, 1347. (s.f.). En Encyclopedia Britannica.

Biblioteca Británica. (s.f.). Www.Bl.UK; The British Library.

British Library. (s.f.). Www.Bl.UK; La Biblioteca Británica

César cruza el Rubicón. (s.f.). Nationalgeographic.org. https://education.nationalgeographic.org/resource/caesar-crosses-rubicon/

Campbell, E. M. J., & Fernandez-Armesto, F. (2023). Vasco da Gama. En Enciclopedia Británica.

Cartwright, M. (2016). Pizarro y la caída del Imperio inca. World History Encyclopedia. https://www.worldhistory.org/article/915/pizarro--the-fall-of-the-inca-empire/

Cartwright, M. (2020). Revuelta de los campesinos. Enciclopedia de Historia Mundial.

Cartwright, M. (2021). Vasco da Gama. Enciclopedia de Historia Mundial. https://www.worldhistory.org/Vasco_da_Gama/

Cartwright, M. (2023). La democracia ateniense. Enciclopedia de Historia Universal. https://www.worldhistory.org/Athenian_Democracy/

Cartwright, M. (2023). La peste negra. Enciclopedia de Historia Mundial. https://www.worldhistory.org/Black_Death/

Chintaluri, A., & Chintaluri, A. (2022, 18 de abril). El ágora de la antigua Atenas - Todo lo que necesita saber para planear su visita [Video]. Headout Blog. https://www.headout.com/blog/agora-of-athens/

Cristóbal Colón llega al «Nuevo Mundo». (2009, 24 de noviembre). HISTORIA. https://www.history.com/this-day-in-history/columbus-reaches-the-new-world

Cristóbal Colón. (2009, 9 de noviembre). HISTORIA. https://www.history.com/topics/exploration/christopher-columbus

Colón desembarca en Sudamérica. (2010, 21 de julio). HISTORIA. https://www.history.com/this-day-in-history/columbus-lands-in-south-america

Fundación de Derechos Constitucionales. (s.f.). Crf-usa.org.

Decamerón web. (s.f.-a). Brown.edu. https://www.brown.edu/Departments/Italian_Studies/dweb/plague/effects/social.php

Dow, D. (s.f.). ¿Quién mató a Julio César y por qué lo traicionaron? Magellantv.com. https://www.magellantv.com/articles/who-killed-julius-caesar-why-was-he-betrayed

Revolucionarios franceses asaltan la Bastilla. (2009, 24 de noviembre). HISTORIA. https://www.history.com/this-day-in-history/french-revolutionaries-storm-bastille

García, B. (2018). Rómulo y Remo. Enciclopedia de la Historia Universal. https://www.worldhistory.org/Romulus_and_Remus/

Gill, N. (2018). *Ecclesia*, la asamblea griega. ThoughtCo. https://www.thoughtco.com/ecclesia-assembly-of-athens-118833

Grecia; los pros y los contras de la democracia en ella - 2680 Words | Bartleby. (s.f.). https://www.bartleby.com/essay/Greece-The-Pros-and-Cons-of-Democracy-P3MAPS83DRVA

Las ciudades-estado griegas. (s.f.). https://education.nationalgeographic.org/resource/greek-city-states/

Greenspan, J. (2012, 22 de junio). ¿Por qué la invasión de Rusia por Napoleón fue el principio del fin? HISTORIA. https://www.history.com/news/napoleons-disastrous-invasion-of-russia

Historia y Política. (s.f.). History & Policy. https://www.historyandpolicy.org/policy-papers/papers/the-economic-consequences-of-plague-lessons-for-the-age-of-covid-19

Holmes, R. C. L. (2021, 16 de enero). Las guerras Galas: Cómo Julio César conquistó la Galia (actual Francia). TheCollector. https://www.thecollector.com/gallic-wars-how-julius-caesar-conquered-gaul/

¿Cómo llegó Julio César al poder? (sin fecha). Ipl.org. https://www.ipl.org/essay/How-Did-Julius-Caesar-Rise-To-Power-PC9XYVHT8SM

Hudson, M. (2023). Batalla de Tenochtitlán. En Encyclopedia Britannica.

Introducción a «¿Qué es la Ilustración?» de Kant. (s.f.). K-State.Edu. https://www.k-state.edu/english/baker/english233/Kant-WIE-intro.htm

Jarus, O. (2020, 11 de marzo). Lindisfarne: La «Isla Santa» donde los vikingos derramaron «sangre de santos». Livescience.Com; Live Science. https://www.livescience.com/lindisfarne.html

Johnson, N., Koyama, M., & Jedwab, R. (s.f.). Pandemias, lugares y pueblos: Evidencias de la peste negra. CEPR. https://cepr.org/voxeu/columns/pandemics-places-and-populations-evidence-black-death

Julio César cruza el Rubicón, 49 a. C. (s.f.). Eyewitnesstohistory.com. http://www.eyewitnesstohistory.com/caesar.htm

Cómo el Primer Triunvirato cambió la antigua Roma. (s.f.). History Skills. https://www.historyskills.com/classroom/ancient-history/anc-1st-triumvirate-reading/

Wasson, D. L. (2016). Primer Triunvirato. Enciclopedia de Historia Mundial. https://www.worldhistory.org/First_Triumvirate/

Julio César. (s.f.). Nationalgeographic.org. https://education.nationalgeographic.org/resource/julius-caesar/

El ascenso al poder y la dictadura de Julio César. (2022, 15 de septiembre). Edubirdie. https://edubirdie.com/examples/julius-caesars-rise-to-power-and-dictatorship/

Lesso, R. (2022). ¿Qué eran las ciudades-estado de la antigua Grecia? TheCollector. https://www.thecollector.com/what-were-the-city-states-of-ancient-greece/

Vida y enseñanzas de Jesús. (s.f.). Pluralism.Org. https://pluralism.org/life-and-teachings-of-jesus

Little, B. (2023, 13 de julio). El complicado círculo íntimo de Cleopatra: Hermanos, sucesores y amantes. HISTORY. https://www.history.com/news/cleopatras-complicated-inner-circle-siblings-successors-and-lovers

Lochun, K. (2020, 21 de diciembre). ¿Quiénes eran los Rus de Kiev y qué tienen que ver con los vikingos? HistoryExtra. https://www.historyextra.com/period/viking/rus-vikings-kievan-rus-rurik-vladimir-great/

Marco, S. (2023, 14 de marzo). César y Cleopatra en Egipto. Odysseytraveller.com; Odyssey Traveller. https://www.odysseytraveller.com/articles/caesar-and-cleopatra-in-egypt/

Marco, H. W. (2023). Batalla de Austerlitz. World History Encyclopedia. https://www.worldhistory.org/article/2253/battle-of-austerlitz/

Mark, J. J. (2018). Rus de Kiev. Enciclopedia de Historia Mundial. https://www.worldhistory.org/Kievan_Rus/

Mark, J. J. (2020). Efectos de la peste negra en Europa. Enciclopedia de Historia Mundial. https://www.worldhistory.org/article/1543/effects-of-the-black-death-on-europe/

Martínez, J. (2023). La familia Medici: Máximo poder y legado en el Renacimiento. TheCollector. https://www.thecollector.com/the-medici-family-legacy/

McLean, J. (s.f.-a). La derrota de Napoleón en Waterloo. Lumenlearning.com. https://courses.lumenlearning.com/suny-hccc-worldhistory2/chapter/napoleons-defeat-at-waterloo/

McLean, J. (s.f.-b). El Código Napoleónico. Lumenlearning.com. https://courses.lumenlearning.com/suny-hccc-worldhistory2/chapter/the-napoleonic-code

/Medievalists.net. (2023, 18 de julio). Cómo llegó el cristianismo a la Europa medieval. Medievalists.Net. https://www.medievalists.net/2023/07/christianity-medieval-europe/

Moya, M. J. (2022, 17 de marzo). San Patricio, el hombre detrás de la fiesta de San Patricio, ni siquiera era irlandés. USA Today. https://www.usatoday.com/story/news/2022/03/17/st-patrick-day-saint/7039195001/

Napoleón Bonaparte. (2009, 9 de noviembre). HISTORIA. https://www.history.com/topics/european-history/napoleon

Napoleón Bonaparte. (2020, 11 de octubre). BYJUS; BYJU'S. https://byjus.com/free-ias-prep/napoleon-bonaparte/

Napoleón invade Rusia. (s.f.). Nationalgeographic.org. https://education.nationalgeographic.org/resource/napoleon-invades-russia/

Aprobado en Francia el Código Napoleónico. (2010, 9 de febrero). HISTORIA. https://www.history.com/this-day-in-history/napoleonic-code-approved-in-france

ODISEA/Roma. (s.f.). Emory.edu. https://carlos.emory.edu/htdocs/ODYSSEY/ROME/romulus.html

Operación Barbarroja: por qué la invasión de Hitler a la Unión Soviética fue su mayor error. (2021, 3 de marzo). HistoryExtra. https://www.historyextra.com/period/second-world-war/operation-barbarossa-hitlers-greatest-mistake/

De pagana a cristiana: La transformación de Roma. (2017, 17 de abril). Brewminate: Una atrevida mezcla de noticias e ideas. https://brewminate.com/pagan-to-christian-the-transformation-of-rome/

Pandemias y persecución de minorías: Evidencias de la peste negra. (sin fecha). CEPR. https://cepr.org/voxeu/columns/pandemics-and-persecution-minorities-evidence-black-death

PBS - Napoleón: Napoleón en la guerra. (s.f.). Pbs.org. https://www.pbs.org/empires/napoleon/n_war/campaign/page_6.html

Persecución de los judíos: razones, enfermedades e historia. (s.f.). Montana.edu. https://www.montana.edu/historybug/yersiniaessays/pariera-dinkins.html

Pirie, M. (2019, 30 de mayo). Voltaire, campeón de la libertad -. Adam Smith Institute. https://www.adamsmith.org/blog/voltaire-champion-of-freedom

Rattini, K. B. (2019, 20 de febrero). Julio César - Datos e información. National Geographic. https://www.nationalgeographic.com/culture/article/julius-caesar

Período del Renacimiento: Cronología, arte y datos. (2018, 4 de abril). HISTORY. https://www.history.com/topics/renaissance/renaissance

Ritzmann, I. (1998). La peste negra como causa de las masacres de judíos: ¿un mito de la historia de la medicina? Medizin, Gesellschaft, Und Geschichte: Jahrbuch Des Instituts Für Geschichte Der Medizin Der Robert Bosch Stiftung, 17. https://pubmed.ncbi.nlm.nih.gov/11625662/

Roosen, J., & Curtis, D. R. (2019). El 'toque ligero' de la peste negra en el sur de los Países Bajos: un mito urbano: LA MUERTE NEGRA EN EL SUR DE LOS PAÍSES BAJOS. The Economic History Review, 72(1), 32-56. https://doi.org/10.1111/ehr.12667

Russell, E., Universidad de Cambridge, Parker, M., & Universidad de Bristol. (2020, 2 de julio). Cómo la peste negra hizo más ricos a los ricos. BBC. https://www.bbc.com/worklife/article/20200701-how-the-black-death-make-the-rich-richer

Sakoulas, T. (s.f.). El Ágora de Atenas. Esta página y todo su contenido son Copyright © 2002-hoy, Ancient-Greece.org. Todos los derechos reservados. Para obtener información sobre la cesión de derechos de autor, consulte la página Acerca de. https://www.ancient-greece.org/archaeology/agora.html

Singh, A. (2021, 19 de febrero). La vida temprana de Adolf Hitler. Wondrium Daily.

Singh, A. (2022, 25 de abril). Peste negra y pueblos medievales: Resiliencia durante una pandemia. Wondrium Daily

Taylor, A. (2011, 16 de octubre). La Segunda Guerra Mundial: El Holocausto. Atlantic Monthly (Boston, Mass.: 1993). https://www.theatlantic.com/photo/2011/10/world-war-ii-the-holocaust/100170/

El impacto económico de la peste negra. (s.f.). .eh.net. https://eh.net/encyclopedia/the-economic-impact-of-the-black-death/

Los editores de la Enciclopedia Británica. (1998, 20 de julio). Familia Sforza | Renacimiento italiano, Milán y política. Encyclopedia Britannica. https://www.britannica.com/topic/family-kinship

Los Editores de la Enciclopedia Británica. (2023, 10 de marzo). Consejo de los Quinientos | Atenas, Grecia Antigua & Definición. Encyclopedia Britannica. https://www.britannica.com/topic/Council-of-Five-Hundred-ancient-Greek-council

Los editores de la Enciclopedia Británica. (2011). Calendario romano republicano. En Enciclopedia Británica.

Los editores de la Enciclopedia Británica. (2023). Tratado de Tordesillas. En Enciclopedia Británica.

The Great Courses. (2017, 1 de diciembre). El camino de César hacia el Rubicón-Roma entra en guerra. Diario Wondrium.

The Great Courses. (2017, 12 de octubre). ¿Quién fue Napoleón Bonaparte? Sus primeros años. Wondrium Daily.

El calendario juliano entra en vigor por primera vez el día de Año Nuevo. (2010, 21 de julio). HISTORIA. https://www.history.com/this-day-in-history/new-years-day

El Putsch de Múnich - El Holocausto explicado: Diseñado para escuelas. (sin fecha). Theholocaustexplained.org. https://www.theholocaustexplained.org/the-nazi-rise-to-power/the-early-years-of-the-nazi-party/the-beer-hall-putsch/

La revuelta de los campesinos. (2022, 25 de febrero). BBC. https://www.bbc.co.uk/bitesize/topics/z93txbk/articles/zyb77yc

El ascenso de Napoleón. (s.f.). Studentsofhistory.com. https://www.studentsofhistory.com/the-rise-of-napoleon

El Imperio romano: Breve historia. (s.f.). Mpm.edu. https://www.mpm.edu/research-collections/anthropology/anthropology-collections-research/mediterranean-oil-lamps/roman-empire-brief-history

El Imperio romano: En el siglo I. El Imperio romano. Emperadores. Julio César. (s.f.). Pbs.org. https://www.pbs.org/empires/romans/empire/julius_caesar.html

Los romanos - El gobierno romano. (2013, 19 de noviembre). Historia. https://www.historyonthenet.com/the-romans-roman-government

La familia Sforza. (s.f.). https://www.sgira.org/patrons_sforza.htm

El comercio transatlántico de esclavos - Pasajes africanos, adaptaciones lowcountry - lowcountry digital history initiative. (s.f.). Cofc.edu. https://ldhi.library.cofc.edu/exhibits/show/africanpassageslowcountryadapt/introductionatlanticworld/trans_atlantic_slave_trade

Tratado de Tordesillas. (s.f.). Nationalgeographic.org. https://education.nationalgeographic.org/resource/treaty-tordesillas/

Vernon, J. (2023, 14 de marzo). Los Idus de marzo - un día en que un asesinato cambió el mundo para siempre. National Geographic. https://www.nationalgeographic.com/history/article/julius-caesar-ides-of-march

Volle, A. (2023). Asalto a la Bastilla. En Enciclopedia Británica.

Wareing, J. (2018, 30 de noviembre). Cómo Roma llegó a ser gobernada por emperadores. Highbrow. https://gohighbrow.com/how-rome-came-to-be-ruled-by-emperors/

Watts, E. (2020, 27 de octubre). La complacencia pagana y el nacimiento del Imperio romano cristiano. Aeon; Aeon Magazine. https://aeon.co/essays/pagan-complacency-and-the-birth-of-the-christian-roman-empire

¿Qué fue la operación «Barbarroja»? (s.f.). Imperial War Museums. https://www.iwm.org.uk/history/what-was-operation-barbarossa

Cuando los vikingos gobernaban en Gran Bretaña: Breve historia de Danelaw. (s.f.). Canal de televisión Sky HISTORY. https://www.history.co.uk/articles/when-the-vikings-ruled-in-britain-a-brief-history-of-danelaw

Wilde, R. (2019). Auge y caída de la familia Borgia. ThoughtCo. https://www.thoughtco.com/the-borgias-infamous-family-of-renaissance-italy-1221656

La Segunda Guerra Mundial y el Holocausto, 1939-1945 - United States holocaust memorial museum. (sin fecha). Ushmm.org. https://www.ushmm.org/learn/holocaust/path-to-nazi-genocide/chapter-4/world-war-ii-and-the-holocaust-1939-1945

Xviii, L. (2009, 6 de noviembre). La batalla de Waterloo. HISTORY. https://www.history.com/topics/european-history/battle-of-waterloo

Zarevich, E. R. (2021, 1 de julio). Cómo la peste negra condujo a la revuelta de los campesinos. Explorethearchive.com; Open Road Media. https://explorethearchive.com/peasants-revolt

www.ingramcontent.com/pod-product-compliance
Lightning Source LLC
Chambersburg PA
CBHW070336010526
44107CB00004B/525